憧れの住む東京へ

岡崎武志

本の雑誌社

憧れの住む東京へ

まえがき

「丘を越え　山を越え／あこがれの住む町に／夢をだいて　ゆくよ　はるばると／鐘が鳴ります／遠い　遠い空で／旅ゆく身に　やさしく　しみじみと」

　これは往年の人気歌手、菅原都々子《つづこ》の「憧れの住む町」（一九五〇）という可憐な歌である。清水みのる作詞・平川浪竜作曲でテイチクから発売された。私は偶然ラジオから耳にし、一発で好きになった。二番が「りんどうの花の道／白樺のつづく道」、三番が「愛の町／日昏れ町」と歌い出されるのだが、歌の主体となる乙女は歌の中では「町」へたどりつかず、その道中、胸の高鳴りだけが歌われる。

　私には、この「憧れの住む町」が、どうしても東京に思える。私もこの乙女と同じく、胸の高鳴りを抱いて一九九〇年春、すでに三十歳を超えていながら大阪から上京して来た。私にとって東京はまさしく「憧れの住む町」だったのだ。今年で在京三十四年目。関西在住時代より長い年月を過ごしてきたことになる。その間ずっと「上京者」を意識して生き続けてきた。

江戸が世界有数の過密人口都市になって以来、大量の地方出身者を受け止め、泳がせてきたのが首都・東京だ。「一旗揚げる」「故郷に錦を飾る」など、過剰なエネルギーを蓄えて、上京者は東京を目指し、ある者は失望して故郷へ帰り、ある者は居場所を見つけてこの街になじんでいく。最初から東京に生まれ育った人たちにとっては、東京についての感情が、もう少し淡白のように思える。その淡白さこそが、江戸っ子の「粋」でもあったのだ。

しかし「粋」なだけではエネルギー不足だ。上京者の野暮だが純粋な「憧れ」が、東京という大都市を作ってきたのだと私は考えている。そのことを『上京する文學　春樹から漱石まで』（新日本出版社のち、ちくま文庫）、『ここが私の東京』（扶桑社のち、今年一月にちくま文庫入り）と、すでに二つの著作で証明してきた。夏目漱石「三四郎」から村上春樹にいたるまで、彼、彼女たちがいかなる思いで東京へ出てきたのか、また東京のどの街に暮らし立ち位置を固めてきたのかをつぶさに研究し、彼、彼女らにとって「東京」とは何なのかを問い続けてきたのである。

上京者のメカニズムについては『上京する文學』のまえがきにあたる「そして誰もが上京し

ていく」に書き尽くして、ここに改めて付け加えることはない。くり返し、ここから拾えば、たとえば北原白秋（一九〇四年に上京）は、「私が東京に着いて一番に鋭く感じたのは新橋停車場の匂でした」と書いた。石川啄木（一九〇二年に最初の上京）は、故郷の渋民村を懐かしむ時、上野駅へ岩手の訛りを聞きに出かけた。きだみのる（一九一〇年台北から東京へ）は、東京で驚いたこととして「銀座の千疋屋で、果物を買っている人間を見たときである」を挙げている。彼が幼少期を暮らした奄美大島では、果物は「盗んで食う物」（店では買わない）だったという。

また、中村光夫は「田山花袋」論で「自然主義の勃興は文学の分野における『東京者』に対する田舎者の勝利であった」と書く。「蒲団」の田山花袋は栃木県館林町（現・群馬県）の生まれ（一八七一年）。上京と帰郷を繰り返し、一八九〇年より本格的な東京者となる。大いなる「田舎者」が新しい日本の文学を開拓していく。

東京人が生まれてから真っ直ぐの道を歩くとすれば、「田舎者」は上京という分かれ道に立って、進路を大きく変えていく。複雑にならざるをえないのである。私はそこのところに魅力を感じてきたし、今も感じ続けている。

憧れの住む東京へ　目次

造本　真田幸治

第一章

赤瀬川原平

前衛に押し流された東京の足跡

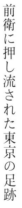

前衛が東京へと押し流して行く

第一章は赤瀬川原平だ。二〇一四年十月十六日死去。早い死と思えたが、一九三七年三月二十七日生まれだから私（三月二十八日）と一日違いで享年七十七。重厚にはわざとならず、いつまでも軽みを身上とした生涯だっただけに、もっと若い印象を持っていたから意外だった。同年生まれに美空ひばり、江利チエミ、加山雄三、伊東四朗、阿久悠、緒形拳がいる。作家では野呂邦暢が同い年。このうち、ひばり、チエミ、阿久、緒形、野呂はすでにこの世になく、長生きできない年代のようだ。戦中戦後と、食料不足の時代が成長期と重なっているためか。彼らは生きていれば今年八十六歳。

赤瀬川が亡くなった時、仲のいい友人が、遺されたスケジュール帳がびっしりと仕事で埋めつくされているのを見て、思わず「なんで、こんなに働かなくちゃいけなかったのか」と嘆くように言ったと人づてに聞いたことがある。考えてみれば、千円札裁判に始まり、トマソン、路上観察、新解さん、老人力と、世上をにぎわすピークを作ってきた。手に触れるものすべてが「金」となる勢いを感じるのだ。そのほか、宮武外骨リバイバル、中古カメラとライカ同盟、学ランに身を包んで日本美術応援団と、趣味を仕事にして、つねに慌ただしく後半生も生きていたように見える。このうち、どれか二つぐらいに絞り、専門性を追求すれば、もう少し長生きできたかもしれないが、それでは赤瀬川原平ではなくなる。的を絞らせないように見えて、どれもが的であったところに存在感があった。こんなに豊富な好奇心とアイデアを持つ人は他にいないのではないか。

赤瀬川原平（本名・克彦）は、横浜市で生まれている。父は鹿児島、母は東京出身だった。六人きょうだいの下から二番目で、兄・隼が直木賞を受賞している。原平は尾辻克彦名義で芥川賞を受賞。兄弟で直木、芥川両賞受賞というのは、この例だけだと思う。姉の晴子は帽子作家として活躍しているから異才の血だ。先述の通り、生まれた場所は横浜、母親の出身が東京と、

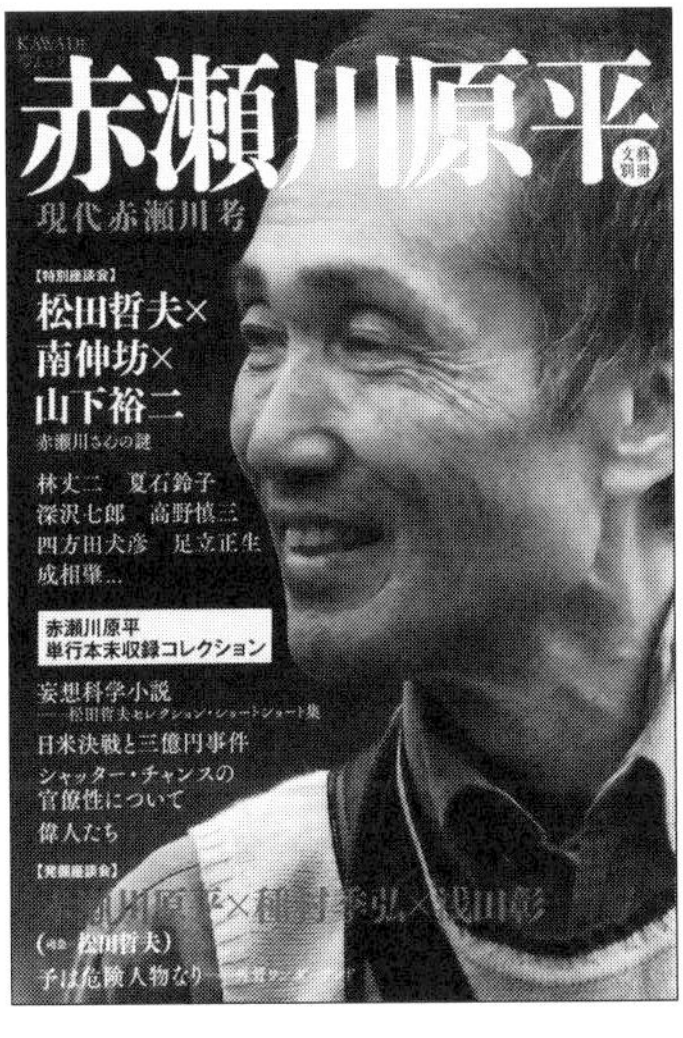

赤瀬川源平（あかせがわ・げんぺい／1937-2014）横浜市生まれ。名古屋より上京。中央線沿線に長く在住。

この時、赤瀬川は首都に接近していたが、二年後には倉庫会社に勤務する父の転勤により芦屋、門司、大分と西へ、南へ遠ざかって行く。戦中の混乱期で、これはいたしかたない。

一九四三年に大分市立金池小学校に入学。赤瀬川家は同市内北町にあった。これは旧町名。現在の大手町に当たる。地図を見ると、城址公園の南側、日豊本線大分駅の東北に位置する。大分の中心地だ。通った小学校、上野ケ丘中学校も大分駅から半径五百メートル以内にある。高校は県立大分舞鶴高校へ入学するも、すぐ名古屋市へ転居しているから、十代前半をこの大分市の中心部で送ったことになる。十代前半の赤瀬川は、止まぬ夜尿に苦しみ、眠るのが怖くなる。そのため修学旅行をパスしたほどだった。このあたり、もう少しくわしく書きたいが、私が見たいのは東京の赤瀬川なので先を急ぎたい。この大分時代に同級生の雪野恭弘、兄（赤瀬川隼）の友人として磯崎新、先輩の吉村益信と知り合っていることには触れておこう。雪野は、のち尾辻克彦名義で発表された自伝的長編『雪野』（文藝春秋）を書くほど、赤瀬川の進路に重要な役目を果たした人物。

一九五二年には名古屋市港区稲永新田に転居し、愛知県立旭丘高校美術科に転校するが、同級生に荒川修作、岩田信市がいた。岩田はハプニング集団「ゼロ次元」を結成し、防毒マスクをつけて全裸行進をするなど過激な肉体行動をする。吉村益信、荒川修作は読売アンデパンダンの出展メンバーで、赤瀬川とともに「ネオ・ダダイズム・オルガナイザーズ」を結成。知り合ったのは偶然に過ぎないが、振りかえると必然だと思えてくる。大分、名古屋で知り合った人々が、みな東京で「反芸術」「前衛」に走って行く。東京には全国に散らばった才能を終結させる磁力があり、混ざり合って文化的潮流を作り出す。この潮流が、おねしょ小僧だった赤瀬川原平を、東京へ、東京へと押し流して行くのだ。

幼なじみと乗る中央線

赤瀬川原平が名古屋から上京してきたのは一九五五年。武蔵野美術学校（現・武蔵野美術大学）を受験するためだった。「東京ではじめて靴底が触れたのは、東京駅のホームだった」と『ぼくの昔の東京生活』（筑摩書房）所収の「中央線」に書いている。「それはまあ当り前のことだが、ふつうの駅ではなくそこが東京の駅だと思うと、感慨もひとしおだった」ともある。やはり東京には、特別な思いを持っていたのだ。

「東京は晴れだった。ほんのりとした春の温度が、粉みたいになって、空気の中に縞模様に散らばっているようだった」とは、『雪野』の一節。小説であるだけに描写が詩的で細かい。この長編小説のタイトルとなった友人・雪野恭弘が、東京駅まで迎えに来ていた。彼は三日前に上京してきた。ポエジーな姓を持つ雪野は、大器晩成するまでの赤瀬川にとって重要人物だ。小学校四年の時、赤瀬川が通う大分市立金池小学校に転校してきて知り合った。お互い家が近く、絵が好きという共通点があり、たちまち仲良くなって生涯の親友となる。

中学校でも一緒になり、「新世紀群」という絵画サークルに出入りする。前衛の眼ざめと言ってもいいだろう。高校も二カ月だけ一緒だったが、赤瀬川は名古屋へ引っ越したため、雪野との交友に三年間のブランクができる。しかし、離れていても高校時代は文通を続け、心は通い合わせていた。その間に武蔵野美術学校を受験することも、二人の間で了解事項となっていた。一九五五年の東京は、三年間離れていた少年時代の親友を再びくっつけた。一九五五年の四月一日に、ラジオ東京テレビ（現・TBSテレビ）が開局、五日にイギリスの首相チャーチルが引退、十六日に長崎県佐世保市の炭鉱で大規模なボタ山崩落事故が発生した。時代の大きな転換期であった。

東京駅から二人が乗ったのは中央線。東京を起点に新宿から西へ真っ直ぐ走っていく路線だ。赤瀬川は以後、長らく中央線沿線に住み続けるのだ。「東京に住もうという目で地図を見たとき、東京駅からまっすぐ伸びている中央線が一番わかりやすく、迷子になる不安も少ないとでも思ったのだろうか」と「杉並区中央線、駅の近く」に書く。国分寺駅で下車し、受験の間、身を寄せたのが児島善三郎邸。敷地内に白い大きなアトリエが建っていて、そこに下宿が決まるまで居候させてもらうことになった。児島善三郎は独立美術協会を代表する洋画家。一九三六年から国分寺に居を構えていた（一九六二年死去）。ここに、『雪野』で「まっさん」と呼ばれる大分時代の先輩がすでに寄宿。じつは、この児島邸およびアトリエは、現在も改築され同じ場所にある。アトリエは藤森照信設計で新たにギャラリー「丘の上ＡＰＴ」（ＡＲＴにあらず）として生まれ変わった。私は某日、ここを訪ねてみたが、丘の斜面に建つバラックづくりのようなユニークな外観で、一階のメインのギャラリー（「赤瀬川原平展」を開催中）、児島善三郎の作品を収蔵した地下、眺めのいい二階などつぶさに見学させてもらった。

「駅を出てちょっと行くと、もう建物がまばらになって、土の地面が見える。武蔵野の地面だと思った。そこをぶらぶらと歩いて長い坂を下り、またぶらぶらと長い坂を登ったところ、崖や林に隠れて住宅があり、その一つに白い大きなアトリエがあった」（『雪野』）

現在の住所で言えば、国分寺市泉町一丁目五─一六。まさしく国分寺崖線が作る段丘の上だ。たしかにこのあたり、「長い坂」を作り歩行者は難儀させられる。私は国分寺市民だが、この一画に足を踏み入れるのは初めてだった。いまは、「土の地面」はなく、閑静な高級住宅地である。

赤瀬川における東京最初の夜、先輩の「まっさん」が水炊きを作ってくれた。この先輩、鍋に野菜が足りないからと、近くの畑からネギを抜いてくる。そのことについて、「私」（赤瀬川）の感想は『雪野』に書かれていないが、まさか東京へやってきて、畑からネギ泥棒をするとは思っていなかったのではないか。しかし、六十年以上経た今でも、国分寺市内にはあちこちに畑が残っていて、ネギだけ

児島善三郎のアトリエ跡地は2014年から「丘の上APT」に

ではなく、さまざまな野菜が植わっている。東京という都市の懐の深さを感じてしまうエピソードだ。

武蔵野美術学校受験に「仮りに落ちたとしても、ぼくはもう東京で生きていこうと考えていた」（『ぼくの昔の東京生活』）が、無事合格し（受験者のほぼ全員がパスしていた）、雪野と通い始める。武蔵野美術学校は一九二九年、帝国美術学校として創立。その後、武蔵野美術学校、武蔵野美術大学と名を変える。現在、本校（鷹の台キャンパス）は小平市小川町にある。近くに住む私は美術展を見に、ときどき出かけるが、校内に建つ校舎はいずれも斬新なデザインで立派なものばかりだ。構内に大きな学食、パン屋、コンビニ、画材店「世界堂」などが完備するため、構内ですべて用が足りるのか、大学周辺に飲食店や喫茶店は少なく、学生街と呼べる環境を呈していない。

赤瀬川が入学した時代の校舎の最寄り駅は吉祥寺。駅から十五分も歩かねばならず、少し先には東京女子大学がある。佐野洋子は赤瀬川より一つ下（一九三八年生まれ）で、一年遅く同校に入学したが「東京女子大の女の子と私の学校の女の子を間違える人はいなかったと思う」と「不幸」（『アカシア・からたち・麦畑』）に書く。要するに服装から雰囲気まで、同じ女子学生とはいえ、まるで違っていたのである。どう違うかは私の口からは言えない。お察しください。「私たちは大きな全紙のベニヤのパネルをかついで学校から吉祥寺まで歩き、風が強いと風といっしょにとばされそうになりながら、課題を持ち運んだ。中央線の中に大きなパネルが何枚も重なって、それは当たり前のことだった」(「不幸」)という。シャツは絵具で汚れたろうし、身なりなどかまっていられないのが画学生だった。

『ぼくの昔の東京生活』によれば、その頃の吉祥寺駅は、まだ高架になっておらず「細いホームが線路の両側に一本ずつあるだけで、改札口も小さなのがぽつん」と田舎の駅のようであった。校舎もすごい。「学校は昔の木造の兵舎か何かの転用で、小さくてぼろぼろだった。窓という窓のガラスに全部絵具が塗りつけられて、廊下には水溜まりが出来ていた」。『雪野』では、「近づいて行きながらさすがにショックを受けた」と書いている。

吉祥寺時代の武蔵野美術学校のボロさは、佐野洋子も同様のことをエッセイに記している。名古屋から上京してきたものの、郊外の東京は戦後の混乱を引きずり、きらびやかな大都市の洗礼を受けるには、まだ早かったようだ。

高度成長期の東京で

武蔵野美術学校受験のため名古屋から上京したのは一九五五年。高校時代から本格的に油絵を描いていたため、理想は東京藝術大学受験だったが、学科の試験があるのと経済的問題で断念した。「伝え聞く話がバンカラなんで。反体制気分もちょっと手伝ったかもしれないね」と松田哲夫のインタビュー（「GQ」一九九五年二月号）で武蔵野美術学校受験について答えている。先述のように上京してすぐは国分寺にある児島善三郎邸に居候したが、これは腰掛け。すぐに雪野恭弘と武蔵小金井の六畳一間で共同生活を始める。しかし、『ぼくの昔の東京生活』を読むと、その前、たった十日ほどだが、国分寺市恋ケ窪にひと部屋三人で暮らしている。まったくお金がないまま借りたが、いきなり家賃が払えず追い出されてしまった。大家だってこういう借主は困るのだ。

ようやくまともに東京で根を下ろしたのが、武蔵小金井の一軒家での間借り。駅北口から歩いて約十五分。もしこの下宿が駅から北へ延びる小金井街道を十五分だとしたら、ちょうどそのあたりに聖ヨハネ会桜町病院がある。中央線作家の大先輩・上林暁の妻は精神を冒され、やがてこの病院に収容されていた。一九四六年に亡くなるまで、上林は看病のためしばしば歩いてこの病院へ通った。そのさまを描いたのが代表作「聖ヨハネ病院にて」だった。約十年後、同じ地を踏んだ赤瀬川がそのことを知っていたかどうか。

武蔵小金井の下宿の大家は子どもが二人いる中年夫婦だった。奥さんが武蔵美の短期講座へ通っている関係で、二間を画学生に貸していた。その一つ、六畳間に雪野と二人で入った。家賃は三千円。それを二人で折半した。一九五五年の国家公務員初任給が八千七百円。その三分の一として現在に換算すれば約六万円か。間借りだけの六畳間にしては、ちょっと高い気がする。荷物は蒲団ひと組と道具を入れるミカン箱だけ。そのミカン箱（板製）を部屋の真ん中に並べて、本箱兼境界とし、三畳ずつの個室を作った。このあたり美大生らしい創意工夫がある。

この時代の雪野による証言。

一九五五年の春の夜、暗い夜道を二人で歩いていると赤瀬川が「実はねえ……」と切り出した。続く言葉に雪野は仰天する。

「実はオレ、天才なんだ」

いきなり、である。「天才は早くから自分に気づくものだ。厄介なことになったと思った」

と雪野は当時の思いを回想している（前出「ＧＱ」）。赤瀬川の美術と文学にまたがる軌跡を見れば、まごうことなく「天才」だと知るが、十八歳の東京の春にそのことを自覚していたのか。以後、一九七二年に練馬区立野町へ越すまで、阿佐ケ谷、荻窪、西荻窪と、杉並区内を転々とする「中央線」生活が続くのだ。いや、練馬区立野町だって、地図を見ればわかるが吉祥寺駅から一キロ強の距離。最寄り駅は吉祥寺だろう。立野町には木山捷平が住んでいて、もっぱら吉祥寺駅を利用した。十八歳で上京した赤瀬川は、四十を迎えるまで、中央線エリアから離れることはなかった。西側からの上京者は、なぜか中央線沿線に居を構え、そこに根を張るケースが多い。

それにしても上京してからの数年における、親友とはいえ雪野恭弘との結びつきの強さに驚く。武蔵小金井での共同生活を解消し、一九五六年には上京してきた姉の晴子と西荻窪、翌年は阿佐ケ谷で高校時代の後輩・近藤敏と同居。五八年には本天沼（荻窪エリア）で再び雪野と一緒に住むことになる。部屋は別だった時代にも、渋谷でのサンドイッチマンのアルバイトではしょっちゅう会っていた。しかし、「サンドイッチマン」とはいかにも古風なアルバイトだ。プラカードを持ち、あるいは人体の前後に看板を挟むかたち（「サンドイッチマン」という名の由来）で人間が路上の広告塔になる。一九五三年に鶴田浩二歌唱で『街のサンドイッチマン』がヒットする。ただ立っているだけだから、経験も技術もいらない、その日から始められるアルバイトだった。最初は吉祥寺、のち渋谷で本格的に路上へ立つようになる。渋谷にはこの仕事の元締めがいて、当然のごとくピンハネされたが午後四時から八時で三百四十円をもらえた。現在の七千円ほどだろうか。学生のアルバイトといえば家庭教師か肉体労働ぐらいしかない時代だ。労働量からすれば時間給は悪くない。ただし、何もせず、ただ立っているだけの仕事は退屈極まりなく、異様に時間のたつのが遅かった。

「雪野と私は東京に出たとたんにずるずると落ち込んで、結局この渋谷の町の底に足を突いて立ったのだった。でも私たちはまだ学生だと思うことで気が楽だった。学生も、何しろ芸術家なのである。それが私たちの抜け穴になっている。だから両足は渋谷の路上に釘付けにされながらも、その抜け穴でほっと呼吸ができる」（『雪野』）

赤瀬川と雪野が立った「抜け穴」は道玄坂。宮田家具店と大盛堂書店の前だった。前者は明治四十年、後者は明治四十四年にこの地で創業。宮田家具店は現在、渋谷にはないが、稲城に本店を置き池袋、桜新町ほかで店舗展開をする。大盛堂書店は、なんと渋谷センター街入口に今もある。各所のスクランブル交差点がニュース映像で流れる際、よく背景に映り込む。

赤瀬川はその他、湯島の装飾店で店内装飾の手伝い、田無の木工所でのお盆彫り、池袋の映画館屋上でのアドバルーン上げのアルバイトを経験した。映画館の屋上からは、遠く東京拘置所（巣鴨プリズン）が見えたという。この広大な跡地は、その後六十階建ての高層商業ビル「サンシャイン60」に生まれ変わる。渋谷、池袋と、高度成長の高波に乗り、悲願の東京オリンピック開催の一九六四年をめがけて、すさまじく変貌していくことになる。そんな都市の胎動は、上京者・赤瀬川の身体に響いていただろうか。

阿佐ヶ谷そして高円寺

西から上京してきた者は東京の西側に住む。これは総テーマ「上京する文學」を研究し始めて得た結論である。赤瀬川も先に触れたごとく中央線族となる。興味深い回想とエピソードを『昭和の玉手箱』（東京書籍）から拾っておく。上京して二年目、部屋探しのため阿佐ヶ谷の（地名は「阿佐谷」だが駅名で統一）不動産屋へ行った。一九五七年のことで高校の後輩・近藤敏と阿佐ヶ谷北に住んだ。

阿佐ヶ谷時代、おそらく本天沼で雪野恭弘と同居していた頃だと思われるが、上野の美術館で開催された「読売アンデパンダン展」に作品を持ち込む話も出てくる。これは無審査で誰でも出品できたのである。オート三輪で一緒に出品する美術仲間のところを回って、作品を回収し、そのまま荷台に乗った。「オート三輪」も昭和のアイテムで懐かしいが、荷台に人が乗るというのは現在ではアウトだろう。阿佐ヶ谷の住宅街に芝居小屋を発見したこともある。「何の建物だろうとのぞくと、古い畳敷きの客席があったのだ。信じられない」と書いている。

阿佐ヶ谷ではもう一つ、電車の「踏切」も東京での初体験だった。「駅のすぐ横に踏切があり、これがいったん閉じて電車が通りだしたらなかなか開かない」。「踏切」どころか、大分で暮らした小中時代には町に信号機さえなかった。初めて信号を見たのは名古屋だから十五歳の時。四つ角についた信号機の「どれを見たらいいのかわからなかった」。戦後の復興期に少年だった世代には、次々と誕生する事象が、いちいち新鮮だったろう。「発見」と「驚き」の感性がこの時、すでに芽生えている。

高円寺に住むのはいつのことか。「上京した三姉晴子と西荻窪に住む」とある。しかし『昭和の玉手箱』では姉が高円寺に住んでいたと書かれている。上京した姉の晴子は最初、原平と西荻窪に住んだ。高円寺にはその後、いつ住んだかは年譜に見いだせない。赤瀬川が高円寺で初めて見たものがある。それはスーパーマーケットだった。「東光ストア」といい、店番がいないことにカルチャーショックを受けた。日本初のスーパーマーケットは青山の「紀ノ国屋ストア」で一九五三年に開業した。やはり店番はなく、レジでの集中清算というスタイルが画期的であった。ついでに申せば、「東光ストア」とは「東急ストア」の前身にあたり、一九五八年十月、高円寺店でセルフサービス方式を導入、以降スーパーマーケットのチェーンを展開していく。ということは、晴子が高円寺に住むのは一九五八年あたりか。「東急ストア」高円寺店は今、駅を出てすぐの高架下にある。

銀座を清掃することで汚す

赤瀬川の十代終わりから二十代は慌ただしい。一九五六年に砂川闘争に「野次馬」で参加してから、千円札裁判が始まった一九六六年までのこと。六七年には三十歳になっていた。その間の疾風怒濤は年譜を引き写すだけで本稿が埋まりそうだ。一瞬、それは楽かも知れないと思いつつ要点だけを拾う。

一九五八年三月に、上野で開催された第十回「読売アンデパンダン展」に出品。同じ年に渋谷の喫茶店で初めての個展を開いている。一九六〇年には「ネオ・ダダイズム・オルガナイザーズ」を結成。吉村益信、篠原有司男、荒川修作ら、読売アンデパンダン出品メンバーによる前衛芸術集団で、過激でアナーキーがモットーだった。

「ネオ・ダダイズム・オルガナイザーズ」第一回展覧会のことを、美術家の風倉匠が「あの頃の赤瀬川原平」という一文で回想している（『赤瀬川原平の冒険』名古屋市美術館展覧会カタログ／一九九五）。

「このグループ展は、それまで見た事もない展覧会で、灰皿、椅子、机、壁、床を叩く音、喧嘩もどきのレクチャー、会場から路上に飛び出す奇体な服装をした作者達。彼は吉村さんが裸になってる体にパンフレットを包帯のようにぐるぐる巻くのを手伝ってた」

それまでの良識ある大人たちが作り上げてきた秩序や既成概念を、若者たちの手ですべて破壊するのが六〇年代のポップであった。過激化する安保闘争、岡林信康を中心とした反戦フォークなど、新世代の異議申立ては、大人たちのヒンシュクを買った。赤瀬川もまた、「ヒンシュクを買う」ために、芸術活動をしていたようなところがあった。

彼らの行動はエスカレートしていった。「千円札裁判」にいたるまで、すべての行為が芸術、あるいは反芸術に直結していく。この時期、一九五九年に十二指腸潰瘍の手術で名古屋へ戻った以外、盆や暮れに帰省した形跡がない。家族揃って「NHK紅白歌合戦」を見ながらコタツに入り……などということはおよそ芸術的ではなく、排除された。

一九六三年に高松次郎、中西夏之らと、それぞれの頭文字を取って「ハイレッド・センター」という芸術集団を結成。新宿で「第5次ミキサー計画」、新橋では中西の体全体に洗濯バサミをつけるパフォーマンス、そして銀座へ繰り出す。一九六四年十月十六日、白衣を身に付け、マスクをした集団が、突如、銀座並木通りの舗道を清掃し始めた。これがハイレッドによる「首都圏清掃整理促進運動」。命名がなにごとも大仰なのは、彼らの特徴だ。後述する「トマソン」も然り。これは六四年十月という時期が重要だろう。第十八回東京オリンピックが、この年の十月十日から二十四日までの十五日間、華々しく開催中だった。「首都圏清掃」は、まさにその最中に行われたのだった。

「ＧＱ」（一九九五年二月号）「赤瀬川原平ワールドで遊ぼう！」インタビューより。

「やっぱりオリンピックにからめてやった。意外と政治的な企画だったんだけれど、『街を綺麗に、綺麗に』といっているのはどうも鼻につくんで、何かしたいというのがあって」

最初は夢の島からゴミを集めて、ゴミ箱にいっぱい詰め込みあふれさそうと計画したが、よく考えるとそれは大変だった。そこで「どうせなら掃除しようって（笑）。ぜんぜん逆転」してしまったと言う。

銀座に関しては「銀座というと洋風、舶来、ハイカラの頂点のようなイメージ」（『ぼくの昔の東京生活』）という記述があるが、いかにも類型的な把握で、赤瀬川は銀座という街に大して関心を持っていなかった。東京は大正一二年の関東大震災、太平洋戦争の大空襲と何度か破壊と再生を繰り返してできた街だった。これらは天災、戦災と不可抗力な変貌だったが、一九六四年秋のオリンピック開催へ向けて、大規模な都市改造が図られた。これは国家による「人災」。ごみごみした家屋を取り壊し、道路を拡張し、巨大な施設が新たに作られた。開催までの数年、東京は森鴎外の言う「普請中」であった。

銀座清掃という芸術的パフォーマンスは、東京に出て来てまだ数年しか経ていない赤瀬川と仲間による、「人災」に対する抵抗運動だったろう。最初は、ゴミを集めてあふれさせるという発想だったことからも、銀座を「清掃」することで「汚す」意味合いがあったはずだ。

しかしこれは地方出身者にしかできない所業だろう。東京生まれの東京育ちならとてもできない。銀座は知り合いと多く出会う可能性の高い街だった。しかも普段着からちょっとお洒落して、着替えて行く街だ。親、親戚、学校の先生、友人、兄弟の知り合いなどが銀座を歩く。白衣を着て舗道を清掃するなど目立つ行為をしていると、彼らと出会う可能性が高かった。洗足あたりに住む叔母さんに見つかって、「あらまあ、ちょいとあんた、こんなところで何してるの?」と咎められて赤面したり……。

地方出身者で、知人や係累の少ない人物だったからこそ、これはなしえたのである。

日比谷そして神保町

二十代の赤瀬川にとって、銀座と並ぶ東京での重要な場所は日比谷である。一九六三年に個展「あいまいな海について」のために、印刷した原寸大の千円札の案内状に端を発する「千円札事件」は、通貨偽造の罪の問われる裁判に発展し、赤瀬川の六〇年代はそれで明け暮れる。ハイレッド・センターなどの活動もその渦中に行われた。事件を「朝日新聞」社会面トップで報じ、六六年から始まる公判は、「芸術とは何か」を問うためのパフォーマンスともなった。ハイレッド・センター「第6次ミキサー計画」において、新橋駅前で展開された中西夏之による「洗濯バサミ」。人体に隙間なく洗濯バサミを付けていく「芸術」の証拠として、洗濯バサミが入った段ボールの箱が裁判に証拠物件として提出されたりした。その時点で何か可笑しい。この世にも奇妙な裁判が繰り広げられたのが東京地方裁判所だった。正式な住所は千代田区霞が関一丁目だが、日比谷公園のすぐ西側にあり、気分としては「日比谷」であった。裁判は東京地裁で「懲役三カ月、執行猶予一年」の判決を受けるもこれを控訴、高等裁判所、ついに最高裁判所へともつれにもつれ、有罪が確定したのが一九七〇年。

東京地裁へは週に一度通ったという。「一日がかりの裁判が終わると、原平たちは日比谷公園の中にある「松本楼」に向かう。お茶を飲みながら裁判の行方について話し合う、ほっとするひとときだ。特別弁護人の瀧口修造の声は小さくて、話し出すと皆懸命に耳をそばだてる」（石村博子『新・東京物語』講談社文庫）。

裁判を冬の嵐とすれば、日比谷公園のひと時は赤瀬川にとって春のひだまりのようであった。「やがて原平はこの日比谷公園を、世間と法廷をつなぐ緩衝地帯のように感じ始める。木々の間を歩くうち、法廷にいた自分は消毒され、再び世間へ向かっていくのだ」（右同）。

ところが、明治三六年に開園した日比谷公園および同時期にオープンの松本楼の歴史は、「春のひだまり」どころか、激動の近現代史の爪痕を残す舞台であった。「日比谷松本楼」ホームページによれば、「パンの会」第一回会合が開かれたのを始め、漱石、高村光太郎など多くの文人が集い、彼らの詩や小説に登場した。以下「松本楼」が歴史上果たした役割をホームページより引く。

中国革命の父・孫文と梅屋庄吉

1階ロビーの右手に展示してある燭台付きのアップライトピアノ（写真）は、梅屋庄吉邸において孫文夫人である宋慶齢が弾いていたピアノで、国産のもっとも古いもののひとつです。

日比谷松本楼になじみ深いお客様に、革命の志士・孫文（写真中央）もいらっしゃいました。辛亥革命時、日本に亡命中だった孫文は松本楼の代表取締役会長夫人の祖父であり、現社長小坂文乃の曾祖父にあたる梅屋庄吉（写真は梅屋夫妻）に連れられて革命運動のため、しばしば当店を訪れております。

梅屋庄吉は、中国革命の父と称えられる孫文を一生をとおして、物心両面で支えました。孫文は日本亡命中、足しげく梅屋邸に出入りしておりました。大正4年には梅屋邸で宋慶齢（写真）とめぐりあい、結婚式を挙げることとなります。夫婦が中国に戻るまでのあいだ、婦人は梅屋邸に身を寄せて、ひまさえあればピアノを弾いていたそうです。孫文は、しばしば松本楼も訪れていたことから、松本楼の再建後（下記）に「孫文夫人ゆかりのピアノ」が店内に展示されることとなりました。

10円カレーチャリティーセールのはじまり

昭和46年秋、沖縄デーの大混乱の中、放火により松本楼は炎上焼失しました。全国からのあたたかい励ましに支えられて、昭和48年9月25日に、新装再オープンすることができました。そのときの感謝の心をこめた、記念行事としてはじまったのが「10円カレーチャリティーセール」です。

私も上京してすぐ就職した小出版社の編集者時代、日比谷公園内の図書館によく出かけた。昔の雑誌記事のコピーを取るのに、手っ取り早いのは「大宅文庫」だが、当時コピー代が高かった。わりあい新しい雑誌は日比谷図書館に揃っていて、こちらはコピー代も安かった（自分でコピー機を操る必要はあったが）。地下の食堂でよくカレーを食べたし、公園内のベンチで鳩に足元をつつかれながらまどろんだりした。激務、低賃金の仕事を逃れて、私にとっても日比谷公園はひと息つける大事な場所だったのである。ただし「松本楼」の存在は知っていたが、お茶一杯飲んだことはない。高級レストランのイメージがあった。

長期間続いたこの裁判で、赤瀬川は心臓ノイローゼ、睡眠恐怖症と心身を削られるが、同時に表現者として鍛えられた。赤瀬川の兄で、直木賞作家となる赤瀬川隼は上京し、この裁判に懇談会会計係として参加する。兄は裁判を通じて、弟の文章家としての才能に気づくのだ。

「被告となった弟の原平も、この裁判によって鍛えられたと僕は思う。それは被告人意見陳述に結晶していた。かなりの長文で、芸術の意図とその行為といった本質的なテーマを含む味わい深いものだった」（「太陽」一九九九年九月号）。
赤瀬川原平の名前が一躍有名となり、「現代の眼」で始まった連載「現代野次馬考」は、「朝日ジャーナル」に受け継がれ「櫻画報」と名を変え、第二期ともいうべき新たな赤瀬川原平の時代に突入していく。そんな中で生まれた初の単行本『オブジェを持った無産者』の版元は現代思潮社。この現代思潮社が一九六九年に開校したのが「美学校」だ。

美学校は、学校法人ではなく会社法人組織として運営された美術および各種表現の教室。学生証は出るが学割は利かない。カルチャーセンターのようなものか。一九六九年二月に現代思潮社の石井恭二、川仁宏らによって開かれた。ロゴデザインは赤瀬川原平。場所は最初新宿区若葉町、のち千代田区神田神保町二丁目二〇第二冨士ビルの三階に移転し、今も同じ場所で開校されている。

講師は中西夏之、加納光於、赤瀬川原平、菊畑茂久馬、木村恒久、笠井叡、鈴木清順、木村威夫、小杉武久、松山俊太郎、澁澤龍彥、唐十郎など眼のくらむような歴代の人物が教壇に立った。「生徒はといえば東京中の生意気な奴がみんな集まってきた」と生徒だった南伸坊が証言している（「芸術新潮」二〇一五年二月号）。

赤瀬川原平が講師に立ったのは一九七〇年四月。一回だけという約束で教壇に立ったが、生徒を前にして「カチンカチンになってた。教室に入ったら電気をすぐに消してもらって、外骨についてのスライドを映して、もぞもぞとしゃべった」（『全面自供！』晶文社）。この時、教室にいたのが南伸坊だ。

とにかく人前で話すのが苦痛で、若者の集団に襲われる夢を見るほどだったが、川仁に頼まれて、一九七二年から毎年、講座を持つことになる。この「絵・文字工房」こそ、多彩な人材を輩出する伝説の教室となる。授業内容は、当時赤瀬川が関心を持っていた宮武外骨、今和次郎「考現学」、マッチのレッテル、引札、劇画などで、アンテナの高い「生意気な」若者の才能を引き出した。つまり平口広美、南伸坊、渡辺和博、泉昌之（泉晴紀／久住昌之）、森伸之、谷口英久など、ここから巣立った人材は多い。編集者になった者もいて、嵐山光三郎には「原平さんは弟子の七光だ」と言われた。

まあ、こんなことはどこにでも書いている。南伸坊が一九七二年に入社し、のち「ガロ」の編集長となる青林堂は、千代田区神田神保町一丁目、材木店の倉庫の二階にあったことは有名だ。私が面白いと思ったのは、ここから白山通りを越えてすぐに美学校もあった。卒業してからも南は、毎週のように赤瀬川教室に顔を出していた。

最初の頃、授業をサポートしたのが松田哲夫だ。松田は学生時代から赤瀬川と親交があり、マッチラベルの蒐集、宮武外骨研究などの同士だった。松田は都立大学卒業後、筑摩書房に入社。「ちくま文庫」を創刊させ、「美学校」から生まれた路上観察学会では事務局長を務める。「ガロ」や「美学校」で作った人脈をどしどし筑摩書房の出版物に反映させ、お固い筑摩を「ちくま」と平仮名に開いて空気を一変させた。

筑摩書房は現在、台東区蔵前の自社ビルを本社とするが、松田が入社した時は千代田区神田小川町二丁目に社屋があった。駿河台下からほど近く、青林堂や美学校からも徒歩圏内。一九六九年にパリの「五月革命」を模して「神田カルチェ・ラタン闘争」と呼ばれる全共闘と機動隊の衝突が、お茶の水から神保町一帯で起こった。松田は「僕にとっては小川町にあった筑摩書房と、猿楽町の青林堂と、神保町の美学校というトライアングル。だいたい七〇年代前半くらいまで、そこをウロウロしていたことで、のちの人生がほとんど決まりました」（文藝別冊『赤瀬川原平』）と言う。

またその時代を「あの時」と歌った歌が一九七二年に発売され、七三年から人気が上昇した。

「学生街の喫茶店」の喫茶店は駿河台近辺の某店がモデルと囁かれ、歌ったのはなんと「ガロ」というグループであった。

一九七〇年代初頭、神田神保町は沸騰していた。

栄える「トマソン」物件第一号は四谷にあり

「私は東京に生れて東京に育った人間だけれども、ちっとも東京を知りません」

そう書いたのは田村俊子。エッセイ「東京の公園」の冒頭部で、「婦人公論」(一九一七年二月号)に掲載された。一八八四年東京・浅草蔵前生まれの田村にとって、東京は生地《せいち》で自明の街。特に意識することはなかっただろう。意識するのは地方からの上京者ではなかったか。

大分からの上京者たる赤瀬川原平は、ハイレッド・センター、千円札裁判、路上観察、トマソン、老人力、新解さんなど生涯にいくつもピークを作った。ほとんど異常といっていい賑やかな表現者人生といえよう。それらが、東京という街で発生したことも忘れてはならない。

ここで「トマソン」について考える。これから詳述するが、一九七二年に発見した「四谷純枠階段」こそ「トマソン」の定礎となる。それまでの前衛芸術活動、マッチラベルや外骨文献の蒐集、「お座敷」「野次馬画報」に見えるパロディといった赤瀬川的要素が一気に凝縮し、花開いたのが「トマソン」だったと私は考えている。

「トマソン」とは何か。同観測センターの鈴木剛によれば「街中の建造物や道路に付着する、無用の長物でありながら美しく保存された不可解な凹凸を発見し、記録、報告する」活動であった（『路上観察学入門』ちくま文庫）。出発は「考現学」。今和次郎たちが昭和初期の都市風俗を徹底観察、記録し、「考古学」になぞらえ「考現学」と名付けた。これに感化された赤瀬川が、「路上の、見ているはずなのに見えていないもの」（『全面自供！』）をフィールドワークしていく。「美学校」の教室でも開陳し、生徒たちを巻き込み、街へ飛び出して行った。簡単に言えば、街を歩きながら彼らが見るのは風景ではなく個体としての物件（看板、貼り紙、マンホールなど）。その点、永井荷風の散歩とは違っていた。

そして「トマソン」だ。雑誌『美術手帖』の特集巻頭口絵のイラストによる総年表「壮烈絵巻・日本芸術界大激戦」を作るため、赤瀬川と、水戸黄門の助さん格さん化した松田哲夫と南伸坊（当時、伸宏）が、旅館「祥平館」で缶詰になった。ＪＲ四ツ谷駅から外濠通りを少し北上した左手、本塩町に「祥平館」はあった。美術手帖社は市ヶ谷でわりあい近くだった。担当編集者の福住治夫が様子を見に祥平館を訪れると、昼飯を食べて帰ってきた三人が興奮している。「ヘンなものを見つけた」と言うのだ。

見に行くと、旅館の壁にあった階段だった。何が「ヘン」なのか。両側から七段ほどある手すりつきの階段で、しかし上部は壁と窓になっている。つまり上ったら下りてくるしかない無用の階段であった。「その階段が三人でしばらく話題になって、その謎がわからなくて、そのわからないのが何だかうれしくてわくわく」(『全面自供!』)しながら写真を撮った。写真を撮っておいたことがのちのち生き、これぞ「四谷純粋階段」もしくは「四谷階段」と名付けられ、栄えある「トマソン」物件第一号となった。この階段の横を通行した人は大勢いて、「ヘン」に気づいた人もいたかも知れないが、たいていはそのまま。芸術の道は険しく遠い。一九七一年に多摩ニュータウンの入居開始、新宿副都心の高層ビル化が始まる。大規模な東京のビルドアップの狭間で、高度成長による改築の忘れ形見として四谷階段が残された。

この興奮は運動体となり、あれも変、これも変と美学校の生徒たちによる物件報告が増え、展覧会を開く運びに。その際、何かいい名前をと話題になった時、誰かが「トマソン!」と言った。その頃、巨人に大リーグから入団したゲーリー・トマソンという助っ人四番打者がいた。これがまったく打てない。「力はあるんだけど、機能しない。その感じがふと考えると芸術なんだなあ」と、赤瀬川が解説する（『全面自供！』）。この「トマソン」が、本人を差し置いて、どんどん独り歩きし「超芸術トマソン」と発展したことが面白い。同じ助っ人外国人の「ペピトーン」（ヤクルト）ではやっぱり弱いか。

名付けたことが大事で、「トマソン」では「無用門」「ウヤマ」「ヒサシ」「高所」「原爆」などと発見した物件をジャンル別に命名していった。これは「茶の湯」における「見立て」と通じる。「トマソン」でも、何が何でも登録されるわけではなく、「なんかこう風雅な、味わいを求めるみたいなところがあるでしょう」と南伸坊が言う共通認識があった（『路上観察学入門』座談会）。これも茶道に通じる。のち、一九八九年に公開された映画『利休』の監督勅使河原宏は、脚本執筆に赤瀬川原平を指名した。瞠目すべきブッキングだった。

名古屋市美術館『赤瀬川原平の冒険』展カタログ（一九九五年）でも、路上観察と利休の精神「侘びたるは良し、侘ばしたるは悪し」との類縁性を指摘。それは「人間の意図を超えるものに新たな価値を与えようとする美意識」（無署名記事）だという。祥平館はのち祥平館ビルとなり、二〇一六年からの再開発事業によりビルも消滅。トマソン第一号は痕跡も残さない。なお、地下鉄丸ノ内線「四ッ谷駅」の次「四谷三丁目駅」近くに「お岩水かけ観音」、および交差点から少し南へ下ったところに「お岩稲荷」がある。本家「四谷怪談」の痕跡は健在である。

四谷で見つけた無用の外付け階段を「四谷階段」と名付けたのは、歌舞伎や落語で知られる「四谷怪談」のもじりであったが、じつは四谷の周辺は実際に階段（坂）だらけであった。東西を貫く新宿通りを馬の背にしてその南北は逆落としの谷となり、多数の坂を作り上げている。谷へ降りたら、また昇ってこなくてはいけない坂の街を、赤瀬川たちが発見した「四谷階段」が象徴している。

そして玉川学園「ニラハウス」

千円札裁判の最中に住んでいたのは杉並区天沼。天沼本通りを越えた北側には井伏鱒二が住んでいた。以下、ざっと東京での住所遍歴を追っておく。読むのが面倒な人はすっ飛ばしてください。一九六六年に斎藤良子と荻窪に住み、六八年に結婚、南阿佐ヶ谷に転居した。四谷に無用階段（「トマソン」第一号）を発見した一九七二年九月、練馬区立野町に住み、十月に長女・櫻子が生まれた。立野町は武蔵野市と練馬区の境にあり、多くは中央線の「吉祥寺」駅を利用したはず。木山捷平は立野町の町民である。一九七八年七月、妻良子と別れ、櫻子と老母とで小平市学園東町へ。最寄り駅は西武多摩湖線「一橋学園駅」になるか。ここで少し中央線沿線からは離れる。すぐ南に隣町の喜平町があり、陸上自衛隊小平駐屯地、小平団地が広い地所を占める。翌年、尾辻克彦名義「肌ざわり」でまず中央公論新人賞、次いで第八二回芥川賞候補となる。

一九八〇年、小平市学園西町に櫻井尚子と住む。のちの夫人となる女性だが、この時まだ前妻との籍が抜けず、尚子と入籍したのは八三年のこと。学園西町はその名の通り、「一橋学園駅」を挟んで西側に位置する閑静な住宅地で、町内に一橋学園国際キャンパスがある。この学園西町時代は長かったようだ。『文藝別冊　赤瀬川原平　現代赤瀬川考』（河出書房新社）の年譜をもとに、この住所遍歴を書いているのだが、次に現れるのがお待たせしました、終の棲家となった玉川学園前駅近くの「ニラハウス」である。住所の玉川学園は町田市であり、すぐ東側に神奈川県青葉区が迫ってはいるものの、いちおう東京都である。一九五五年に十八歳で上京して以来、私に年譜の見落としがないかぎり、赤瀬川原平はずっと一貫して東京都民であった。それが言いたいがために、長々と住所遍歴を書いたのだ。

さてこの「ニラハウス」。私は「サンデー毎日」の著者インタビューで一度、うかがっている。毎日新聞社（現・毎日新聞出版）から『四角形の歴史』が刊行されたことに合わせての頼まれ仕事で、二〇〇六年のこと。小田急線玉川学園前駅を降りて、すぐ目の前に迫る丘を登って、馬の背に立つとその向こう、斜面に「ニラハウス」はあった。「これが（例の）ニラハウスか」と、見入った覚えがある。しかしこの時すでに、屋根のニラは生えていなかった。夏の終わりから秋になると、白い花が屋根に咲き誇ったというが、銅板を葺いた普通の屋根になっていた。生きた植物を屋根で管理、維持するのは大変だったようだ。それでもじゅうぶんに斬新な建築であったが。

インタビューで覚えていることは以下のこと。当時、玉川学園前駅近くに古本屋があって、私はもちろん帰りに立ち寄ったのだが、赤瀬川さんはその存在を知らなかった。宮武外骨リバイバルの最中には、神田の古書展などにも顔を出していたと聞いたので、ちょっと意外だった。ただ、古本趣味というものは元からなく、外骨の時は、ただ資料を集める手段として「古本」

に近寄ったのだろうと思った。

話の最後によく振るように、「今後の仕事でのご予定は？」と聞いたら、「まとまるかどうかはわかりませんが、『芸術とゴミ』というテーマです。骨董の世界では壊れた茶碗が芸術になったりしますよね。でも日常では壊れた茶碗はゴミで、じゃあ芸術はゴミなのか……というような話です」と答えられたのが印象的で今も覚えている。銀座のゴミを清掃することで出発した「芸術」がここで円環するはずだった。

お目にかかった二〇〇六年以降の著作一覧を見渡したが、どうも『芸術とゴミ』というテーマの本はついに書かれなかったようだ。じつに「赤瀬川原平」的脱力のテーマだとは思うが……。それから八年後に亡くなってしまうとは、想像すらしない出来事で大いに驚いた。

墓の話　東京から離れて

著書多数でヒット作も多い赤瀬川だが、あまり知られていない本もある。二〇一二年に出た『「墓活」論』（ＰＨＰ研究所）もそんな一冊ではないか。これが最後の著書となったのも意味深である。何か予感のようなものがあったのだろうか。
「この本は『墓活』という言葉の誕生とともにはじまった。／『PHPスペシャル』という小さな雑誌で『コトバさんぽ』という連載をしていた。／最近の若者世界ではいろんな新語が競うようにあらわれてくる。／いちばん強力なのは『就活』『婚活』だろう。／なるほど、言葉というのはうまい具合に使われるものだと思い、こちらもすぐさま『墓活』というのを創作した」と「あとがき」にある。「トマソン」「老人力」のごとく、まず現象を新しい言葉で名付けることが赤瀬川マジックで、すぐさま『文蔵』という雑誌で一年余りの連載をし、まとまったのが『「墓活」論』だ。

ちなみに「就活」「婚活」は、音を打ち込んだだけで変換されたが、「ぼかつ」は「墓」と「活」を別々に打ち込まなければならなかった。流行語とはならなかったわけである。カバーの後ろ袖には辞書ふうに「墓活《ぼかつ》墓地や墓石の選定から購入、墓参りにいたるまで、誰もが入ることになるお墓をめぐる諸活動」と説明されている。宮武外骨や小林秀雄など他人の墓を詣で、葬式などの意味を考えながら、生前に自分の墓を作ることを考えた。「逝くまえに、入るお墓をつくりたい」とは帯の文章。本書はここに収れんされていく。「墓というのは生きている人のためにある。／亡き人を弔わずにはいられない。／生きている人の思いはいつも動いているから、突然ゼロとなった空隙を前に、バランスをどうとればいいのか迷ってしまう。／そのために墓があるのだろう」と、墓についての考えを原平特有のレトリックで示している。

「墓活」を進めるうえで、墓所探しが始まった。赤瀬川家の墓はすでにあったが、交通機関を何度も乗り換えた遠い場所だった。「どうせならもっと楽に、楽しい墓参りをしたい」と考え、鎌倉を思いついた。「鎌倉に住むとなると大変だけど、墓参りならできるかもしれない。／いまいる東京からそう遠くはないし、何となく行きやすい」という理由で鎌倉と決め、兄と墓所探しをする過程がつづられる。これまでの赤瀬川の著作にはなかったテイストである。結論としては北鎌倉の古刹「東慶寺」が選ばれた。じつは小林秀雄を始め、岩波茂雄、谷川徹三、鈴木大拙など各界の大物が眠る寺であった。

私は小林秀雄の墓には詣でている。赤瀬川が書くように「古びた石の五輪塔」で「周囲を一歩離れて、野の草花に見守られているような、しみじみとしたお墓だった」。「小林家」という表示は石にではなく脇に小さくあって、すでに訪れた人にガイドしてもらわなければ見つけられない可能性が高い。私には小林秀雄ファンのガイドがいた。「そこから少し戻って角を曲がった所に」赤瀬川の墓は建てられた。今回、この目で確かめるために北鎌倉「東慶寺」へ詣でてみた。せっかくだから同時期に開催中の鎌倉文学館「澁澤龍彦　高丘親王航海記」展も覗いてきた。没後三十五年だという。澁澤の自邸はＪＲ横須賀線を挟んで、東慶寺の反対側にある明月院そばにあった。墓は浄智寺。東慶寺のすぐ南で、今回初めて知ったが葬儀は東慶寺で行われたのだった。

東慶寺入口からしばらく石畳のアプローチがあり、石段を登って山門をくぐると広い境内が谷戸に広がる。墓地はその奥で、藤森照信設計の赤瀬川原平墓は少し段が上がった左手にある。これが何ともユニークな墓で、最初から画像で確認しておかないととても見つけられないだろう。手前の石に「赤瀬川」と刻まれているが、遠目にはわ

北鎌倉「東慶寺」にある墓は藤森照信が設計

かりにくい。墓は石のかけらを半円形に積み上げ、苔が敷かれたてっぺんに盆栽のような松が乗っかっている。それと知らないで偶然見た若い女性なら「カワイイ！」と言いそう。墓碑は墓の裏の石板に刻まれていた。花を手向けたり、線香を立てる台もないようで、ただ静かに手を合わすのみで済ませた。

上京して以来、ずっと東京を転々としながら都内に住み続け、目まぐるしく意匠を変えながら執筆活動を続けてきた。赤瀬川と付き合う知人や友人、出版社と編集者はほぼ東京にいて、「用」があるから東京にいたと私は赤瀬川にその気配を感じる。東京の好き嫌い、特にどの街に執着したわけではなさそうだ。その点、東京は便利な都市である。

冷たい石の墓の下に眠って、ようやく東京都の外の人となった。

第二章

洲之内徹

銀座「気まぐれ美術館」への道

隅田川にかかる橋

赤瀬川原平の次は洲之内徹（一九一三〜八七）と、これは連載開始より早くから決めていた。洲之内は画廊主にして、長年「芸術新潮」誌上で「気まぐれ美術館」シリーズを連載し、好評を得た美術エッセイスト。若き日は小説も書いていて、横光利一賞、芥川賞に複数回候補にもなった。一部では作家としても将来を嘱望されたが筆を折った。それが思いがけないかたちで、美術エッセイの分野で花が開き、空前絶後と呼べる存在にまでなったのだ。私は「気まぐれ」シリーズに首根っこを掴まれてしまい、以後繰り返し読んで飽きることがない。おいおい話すが、洲之内という人物と書く文章の魅力がバツグンなのである。

シリーズ連載の端緒となった、書き下ろしの『絵のなかの散歩』が好評により、「芸術新潮」で始まった連載も続々と新潮社から『気まぐれ美術館』『帰りたい風景』『セザンヌの塗り残し』『人魚を見た人』『さらば気まぐれ美術館』の順に書籍化され（最後の一冊は死後の刊行）、多くの読者を得たのである。また「気まぐれ」シリーズから三冊は、一九九六年から新潮文庫入りした。すでに亡くなって九年が過ぎ、一般的には無名と言っていい著者の、しかも美術エッセイという地味な分野の本が三冊も文庫入りするというのは破格のことだし、事実私はそのことに驚いた（現在いずれも品切中）。

松山市生まれの洲之内の上京話と、その後の複雑な紆余曲折をたどると、それだけで連載の一回分が飛んでしまう。ううん、これは困ったなあ、と思いつつ、洲之内が最後に暮らした町から始めようと決めた。それは隅田川べり、日本橋蠣殻町のマンションだった。一九八五年二月、長年住んだ大森の古アパート「小西荘」から、妻子と他に恋人がいながら編集者の鈴木初実と、その間にもうけた子（「ゲンロクマメ」と文中で呼ばれる）が住むマンションへ移る。のち初実と子は、近くの日本橋中洲のマンションへ。

洲之内徹（すのうち・とおる／1913-1987）
松山市生まれ。何度かの上京後、後半生は銀座を中心に活動。

蠣殻町のマンションは、死の七十四歳までの足掛け三年を暮らし、原稿を書く仕事場となった。

大森の一間しかない窮屈な部屋から比べたら、格段に広く、職場である銀座の「現代画廊」からも近く、洲之内はここで晩年の慰安を拾う。期間は短いが、著作にはよく隅田川やそこに架かる橋（清洲橋、新大橋）や蠣殻町と隣接する日本橋の浜町、人形町のことが出てきた。そこで冬の一日、洲之内散歩にでかけることにした。

地下鉄半蔵門線「水天宮前駅」からスタート。洲之内がもっぱら「人形町」駅を使ったのは、長らく半蔵門線の終点が「三越前」駅

晩年を過ごす、日本橋牡蠣殻町に近い浜町の現在の風景

だったから。地上に上がると、首都高6号と9号が合流する箱崎ジャンクションがすぐ目の前。頭上には陽をさえぎり、辺りを暗くする巨大な道路が通っている。隅田川へ出よう。大きなマンションの脇の階段を上って下ると、遊歩道が隅田川沿いに作られていた。川幅は広く、水は満々とたたえられ、チャプチャプと音を立てている。これを北上していく。洲之内が住んだマンションは「新大橋と清洲橋とはほぼ同じくらいの近さ」にあったという（「おそろしい散歩」）。その清洲橋をくぐる。

この一帯、隅田川と首都高に挟まれた狭い三角地帯で、「日本橋中洲」という町名がついている。明治期まで、ここは文字通り隅田川の「中洲」で、川が三方に分かれていたことから「三ツ俣」（三ッ股）とも呼ばれた。中洲は料理屋、茶屋が並ぶ江戸の遊興の地で広重の浮世絵にも描かれた。「おそろしい散歩」では、ほぼ連載一回分を費やして、中洲の歴史的考証がなされている。大正八年（一九一九）、佐藤春夫はここを舞台に、架空の人工都市を夢見る「美しい町」を書いた。

次の新大橋西詰めで階段を上る。「八月の街のまぼろし」という原稿に、明け方近くこの新大橋まで散歩をした様子が書かれている。自販機でタバコを買い、ライターを持っていないことに気づき、橋のたもとの派出所にいた若い警官に火を借りている。これは三十年以上前の話。町のどこかで、喫煙者の男同士による火の貸し借りが普通に行われていた。その時、見知らぬ他人同士が火を介在にして接近したのである。これは失われた風景だろう。明け方四時ごろに町をうろつき、タバコの火を借りた七十男を不審に思ったか、若い警官は軽く職質をする。借りたマッチはそのまま貰ったが、彼は「放火しないでね」と言うのだった。よほど怪しい人物に映ったのだろう。近くの浜町公園では三晩続く祭の浜町音頭を連日通って聴いた。

洲之内の「気まぐれ」シリーズでは、これのどこが美術エッセイなんだと思われるような、過去の回想（左翼活動、戦争、そして女の話）や、日常の何気ない話がしばしばまぎれこんだ。それがなんとも人懐っこく、読む者を魅了するのだった。

新大橋通りから清洲橋通りへ入ってすぐ「日本橋教会」が見えた。入口の銅板を見ると「1879年創立」とあるから、明治期の古い教会だと知る。ある夏の夕方、周辺を散歩していた洲之内がこの教会の存在に気づいた（「山路越えて」）。その日ちょうど礼拝が行われていて中へ入った時、「教会の匂いがした」と書いている。「教会の匂い」を知っていたのは、洲之内の母方の祖父が明治初期のキリスト教の牧師で、一家はみな信者であり、幼い徹も日曜学校へイヤイヤ通わされたからだ。思いがけず日本橋の小さな教会で、そのことを思い出したのだった。

なにをするにも東京

知り合いの新聞記者である城島徹さんが、編著『いのちを刻む　鉛筆画の鬼才、木下晋自伝』（藤原書店）という本を出された。送りますというメールがあって、「木下晋といえば、洲之内徹『気まぐれ』シリーズに出てくる」云々と返信したら、「そんなことを知っているなんて」と驚かれた。ほかの人へ送ったメールに同様の反応はなかったらしい。木下晋は鉛筆画を極めた画家だが、若き日は油絵を描いていて「気まぐれ」シリーズにたびたび名前が登場する。愛読者ならピンと来るはずだ。

大正二年（一九一三）に松山市で生まれた洲之内は、昭和五年（一九三〇）東京美術学校に入学し、上京を果たす。十七歳だった。家業は松山市内屈指の繁華街・大街道にあった陶器店。それぞれ市立の第一尋常小・中学校へ通い、名門「松山中学」（現・松山東高校）に入学する。松山中（東高）と言えば、正岡子規、高浜虚子に始まって、安部能成、河東碧梧桐、石田波郷、伊丹万作、中村草田男、伊丹十三、大江健三郎、山本薩夫、天野祐吉等々、キラ星の如く俊才を輩出している。これは凄いぞなもし。彼らはみな上京組。意外や、俳優の大友柳太朗（本名・中富正三）は洲之内の同窓で交流があった。大友は若き日、俳句の部で句作に熱中していた。

明治維新では官軍に占領された負け組となる伊予松山から、なぜこのように大量の才能が生み出され、また揃って上京し東京で花を開かせたか。松山時代の子規を扱った司馬遼太郎『坂の上の雲 一』（文春文庫）によれば、東京を中心に政治を薩長率いる軍閥政府に占領された上は、学問で身を立てるしかない。「学問さえできれば国家が雇傭する」時代であった。よって藩の事業として学業に力を入れた。「常盤会」は、旧松山藩主久松家が中央に郷党の英才を送り出すため、学資を給与する育英団体だった。子規もこの恩恵に与って明治十六年（一八八三）に上京している。司馬によれば、すでにこの時、「なにをするにも東京」の意識が蔓延していた。

明治維新に火種を持つ学問都市・松山の上京「熱」は、子規のおよそ半世紀後も消えず、陶器店の長男も上京していく。そう考えてもいいだろう。洲之内は松山中学時代に芸術開眼し、美術部に所属。本格的上京をする二年ほど前から、夏休みや冬休みになると美校受験の準備として東京の「川端画学校」へ通い、石膏デッサンを習っていた。じつは美校入学前から東京に薄くではあるが、触れていたのである。このことは大きい。「川端画学校」は、明治四十二年（一九〇九）小石川下富坂町に日本画家・川端玉章により開校された私立の美術学校。当初、日本画だけであったが、大正三年（一九一四）に洋画部（主任藤島武二）が設置。画壇にも新しい風が吹いていた。

洲之内徹は昭和五年（一九三〇）東京美術学校建築科にみごと合格。「倍率25倍、合格者10名足らず」（『洲之内徹　絵のある一生』新潮社）というから難関だった。この時十七歳。学部が美術ではなく建築科になったのは、父親に反対されたからだ。文学、哲学、美術などは国家建設急務の実用の時代にあって「虚用」であった。受験のために上京してきた際には、山本勝巳が住む大久保百人町の家にいた。山本勝巳は松山中学の先輩で、その弟がのち映画監督になる山本薩夫。俳優の山本學、圭、亘兄弟は勝巳の息子だった。東京美術学校建築科を卒業した勝巳は、その意味でも洲之内の先輩になった。

入学してからは本郷丸山福山町の叔母の家へ寄宿し、のち東中野桜山の下宿へ入る。あわただしい東京生活一年目であった。当時の若者にとって時代の病とも言えるマルクス主義に傾倒していくのもこの頃だ。翌年、また下宿が変わり、深川東大工町（現・江東区白河四丁目）のアパートへ。これこそ、震災後の復興のために都内各所に造られた「同潤会アパート」の一つだ。左傾化した洲之内は、「東中野のような小市民的な街を離れて、労働者の街に住むべきだと思ったから」（「エノケンさんにあげようと思った絵」）と移転の理由を書いているが、昭和初年の東中野と深川は、本当にそういう位置づけにあったかどうかは分からない。

「同潤会アパート」の先進性については、近年ブームとなり、雑誌「東京人」も一九九七年と二〇〇〇年と二〇〇二年の三度特集を組んでいる。「日本で最初の鉄筋コンクリート造集合住宅」（隈研吾）には洗面室のある電気、都市ガス、水道などの近代的設備のほか、洋室、ダストシュート、中庭、社交室（場所によって違う）など、百年前の貧しい日本の住環境を考えれば、きわめて斬新なスタイルであった。

青山、江戸川、三ノ輪、鶯谷、上野下、大塚、虎ノ門、代官山などに造られた「同潤会アパート」のうち、私が目撃しているのは青山（表参道）、上野下、代官山だけである。洲之内が住んだ「清砂通」物件も、私が上京してきた一九九〇年には現存し（二〇〇二年に解体）、間に合ったのだが意識の外にあり看過してしまった。じつに惜しい。洲之内は一九三二年七月に特高警察に検挙され留置場へ入り、二度とこのアパートに戻ることはなかった。十代終わりの短い下宿体験であったが、「気まぐれ」シリーズではこの時代のことを何度も繰り返し書いている。「まぎれもない青春だった」（『洲之内徹　絵のある一生』）のだ。八月には釈放されるがそのまま松山へ帰り、大学は退学となった。次に東京に住むのは戦後。かくも長き東京不在が待ち受けていた。

郷愁の深川東大工町

地方出身の上京者にとって、故郷とは切っても切れぬ女との腐れ縁のような関係らしい。好き嫌いとは超越した複雑な思いが去来するのが常だ。石川啄木は故郷の岩手県渋民村を「石もて追はるるごとく」出てきたが、故郷の訛り懐かしさに停車場へ「そを聴きにゆく」し、故郷の山（岩手山）を見れば「ありがたきかな」と敬服する。

洲之内徹と故郷・松山の関係もまことにめんどうくさい。とにかく徹底した「松山嫌い」で、「気まぐれ」シリーズでも故郷の悪口を引き始めたらきりがないほどだ。だからどこだっていいのだが、たとえば「江戸京子さんに訊きたかったこと」という文章。最終的には、ちゃんと江戸京子の話にはなるのだが、書き出しは「またか、とうんざりされる方もおありだろうが、もう一度だけ言わせてください。／松山ってイヤだなあ」となる。

仮にP市とした街で洲之内コレクションの展覧会を開くことになり、図録の編集や会場での展示の指示など、洲之内は奔走する。地方新聞社の主催だが、開会式のテープカットに大物を呼びたいということで、洲之内が土方定一に依頼し、承諾を得る。ここまではよかった。しかし土方が来るとテープカットだけで収まらず、あれこれ追加で負担が加わり面倒な展開となる。とうとう土方を怒らせてしまうのだ。洲之内の面目は丸つぶれ。瀬戸内を臨む風光明媚な風景も洲之内には気に入らない。「あの、穏かな海のあちこちに程よく島々が配置された、こぢんまりとよく纏った風景を見ると、私はいつも、こんな景色を朝晩眺め暮らして、人間に大きな空想力なんか育つわけがないじゃないかと、なんだか絶望的な気分になってしまう」（「短い鉛筆」）とも書いている。ほとんど言いがかりに近い批判である。

温暖で春風が吹き抜ける穏やかな都市を、同じように気に入らず悪口を言い続けた先輩がいた。夏目漱石の「坊っちゃん」である。小説では地名が特定されていないが、漱石の来歴からして「松山」と分かる地方都市に、やたらに怒りっぽい江戸っ子の先生がやってくる。ちょうど洲之内のケースとは逆であるが、松山嫌いということでは兄弟のようだ。「短い鉛筆」では、「坊っちゃん」について触れ、「あれは漱石が松山へ行って、松山がアタマにきたから書いたんだ、というようなことを言い、言っているうちに、もしかすると本当にそうかもしれないと思ったりするのである」と書いている。洲之内は昭和の「坊っちゃん」だ。

ところが、この「松山嫌い」も額面通りには受け取れない節もある。「気まぐれ」シリーズにも何度か登場し、古いつきあいの画家に田中岑がいる。洲之内の追悼集となった『洲之内徹の風景』（春秋社）にも一文を寄せているが、同じ四国の香川県生まれとなる田中は、「洲之内さんと四国の話をするのが、僕にはいちばん楽しかった」（「やっぱり、四国を愛した男」）と書いている。このあたりの故郷に対する感情は、こんがらがった紐のようで本人以外にはほどけない。かくのごときアンビバレントな心情は、東京生まれの東京人にはなかなか分からないのではないか。じつは大阪生まれの上京者である私にもあまり分からないのだ。

とにかく「嫌い」な故郷を後にして、昭和五年に東京美術学校入学のため、洲之内は上京してきた。ところが昭和七、八年はあれほど憧れたはずの東京を逃げ回っていた。左翼運動に身を投じ、非合法により特高警察に追われていたのである。昭和六年に日本プロレタリア美術家同盟に参加し、マルクス主義熱を帯びていく。昭和初年にこれは危険なことだった。昭和六年は経済恐慌が最悪の時代を迎え、街に失業者があふれだす。鉄鋼、紡績などでストライキが勃発し、農家でも小作争議が広がった。満州事変を火種に大陸に戦争の影が濃くなっていく。「非常時」が叫ばれ、政府は共産主義者や自由主義者の弾圧に目の色を変えて乗り出す。一網打尽の勢いだった。

昭和七年に窪川鶴次郎が検挙され、残された妻の稲子（のちの佐多稲子）は、二年弱、夫の不在を耐えながら、自身も共産党に入党するのだ。そして昭和八年二月、小林多喜二が特高警察の激しい拷問により虐殺される。その渦中に、左傾化した若き美術青年の洲之内徹もいたのである。洲之内は特高警察の目をかいくぐりながら逃げていたが、昭和七年七月の朝、たまたま帰っていた部屋に特高警察が踏み込み、そのまま連行された。その部屋が深川東大工町（現・白河町）の同潤会アパートであった。洲之内は、戦後になって本格的に東京へ住んでから、懐かしくなって二度、かつて自分が棲んだアパートを訪ねている。『気まぐれ美術館』所収の「深川東大工町」では、一回分を費やして回顧。二度目に「もういちどあの町へ行ってみたい衝動を抑え兼ね」て訪問した時もまだ建物は健在だった。

「その東大工町の十字路の左右両側に跨って、鉄筋四階建の同潤会アパートが幾棟かに分れて建っていて、その中の独身用の一棟の四階の角部屋に、私は住んでいた。(中略)通りに面した独身棟の、通りを距てた反対側は広い空地で、空地の奥を小名木川の水路が横切っていた」

洲之内にとって東京でもっとも懐かしく、回想するに足る故郷のような場所が、ここ深川東大工町だった。しかしその期間は短く、洲之内の本格的な東京体験は戦後に持ち越される。

浅草のエノケン

留置所に拘引された洲之内徹は手ひどい拷問を受ける。心と体に大きな傷を負った。前述の通り釈放後、故郷・松山へ戻ることになり、再び東京の地を踏むのは戦後のことで、短い東京体験は苦いものとなった。

しかし、西暦で言えば一九三〇年代初頭の東京にいたことは無駄ではなかったのである。それが何かと言えば「浅草」だ。洲之内はエノケン(榎本健一)がいる、あの浅草に足しげく通っていた。美術学校入学は昭和五年だが、前述の通り、中学時代から夏休みや冬休みになると、画学校でデッサンを学ぶために上京している。このことはおそらく、東京という大都市になじむためのレッスンになった。

「東京へ来れば必ず浅草へは遊びに行ったから、私の浅草通いはその頃に始まり、学校へ入ってからは頻繁になって、昭和七年に学校を退学になるまで続くのである」(「エノケンさんにあげようと思った絵」)。

これは、画商であるのに手放さなかった「洲之内コレクション」の一枚、長谷川利行「酒祭り・花島喜世子」について書かれた一章であった。花島は浅草「カジノ・フォーリー時代」の榎本健一夫人。ともに舞台に立っていた。小林信彦『日本の喜劇人』(新潮文庫)を聖典とする私など、生のエノケンを見ているというだけで、洲之内に激しく嫉妬する。

今は見る影もないが、「六区ブロードウェイ商店街」に名を残す、浅草・浅草寺の西側に位置した「六区」は、東京屈指の興行街だった。映画館、劇場、寄席、レビュー小屋などが櫛比《しっぴ》し、昭和五年には三十三館を数えたという。当時の「六区」の写真がよく紹介されるが、通りは群衆でびっしり埋まっている。男は帽子、女は和装、丸髷の時代。休日ともなると、丁稚、学生、労働者などがここをめがけて押し寄せた。入場料が、ほかの土地より少し安かったようだ。その雑踏の中に若き洲之内もいた。

「あの頃の浅草にはそれぞれに特徴のある小劇場がたくさんあって、ちょっと思い出してみても、金龍館、常盤座、カジノ・フォーリー、玉木座、観音劇場、公園劇場、昭和座、オペラ館、花月などの名が浮んでくる。（中略）浅草で私がいちばんよく行ったのは、やはりカジノ・フォーリーだったろう」（前同）

劇場名をよく記憶しているのには驚くが、この「カジノ・フォーリー」こそ、エノケン一座の本拠地であった。洲之内も書いているとおり、これが「奇妙な劇場で、一階が客席、地下が水族館であった」。ここでエノケンが試みたのは新しい喜劇で、音楽あり、踊りあり、その上笑えるスピード感あふれる舞台だった。洲之内は、この一座でエノケンによる堀部安兵衛が高田馬場へ仇討ちに駆け付ける場面を詳細に再現している。

「舞台のまん中で走る恰好をすると、カメラの移動のような具合に、背景が逆の方向へ動いて行くが、その背景というのが、電信柱や屋台を役者が担いで舞台の上を歩いて行く、などというのがあって、私は笑うよりも先に感じ入ってしまって、笑うのを忘れていた記憶がある」（前同）と、これは貴重な証言だ。戦前にエノケンの動く姿を捉えた映像は少ないはずで、我々は映画『エノケンのちゃっきり金太』などで片鱗を知るしかない。

ところが、「カジノ・フォーリー」の舞台は最初、不入りだった。ここに爆発的に客が押し寄せるきっかけを作ったのは「報知新聞」に掲載された「金曜日にはズロースを落とす」というエロゴシップ、そして川端康成であった。川端（一八九九年生まれ）もまた、大正期の上京者。昭和四年（一九二九）十二月から、小説「浅草紅団《くれないだん》」の連載が始まる。同時代の昭和初年を舞台とし、ここを根城とする不良少年少女の集団が登場する。その名も「浅草紅団」。そのボスが弓子という美少女の設定だ。ここで川端はルポルタージュの手法を取って、取材した浅草の街やそこに巣食う人々を活写した。特に「カジノ・フォーリー」の魅力を描いたことで、大衆の街に知識人や学生が足を運ぶようになったのである。洲之内は特に触れていないが、話題の『浅草紅団』を読んでいたはずだと私は思っている。

小説は未完で、のちのノーベル賞作家にとって若書きの風俗小説に過ぎないと評価されずにいたが、海野弘が名著『モダン都市東京』（中公文庫）で「都市小説」の傑作として評価し、中公文庫に収録されて私の目にも届いたのだ。

洲之内は昭和六年に日本プロレタリア美術家同盟に入るが、その前から生粋のマルクスボーイだった。マルクスとエノケンが共存していたことを「浅草というところが、当時はそうだった」と「エノケンさんにあげようと思った絵」に書いている。大正八年（一九一九）に『改造』、九年に『新青年』という傾向の違う雑誌が創刊され、時代の空気を映し出していく。「都市小説の魅力は、都市をその矛盾した相において描きだすことにある」（『モダン都市東京』）。その「矛盾」を享受し、享楽に変えたのが川端康成と洲之内徹という「上京者」だ。大正から昭和へ、刻々と変貌していく「モダン都市東京」の魅力を、好奇心旺盛な若い眼の上京者たちがいち早く察知し、表現していくのだった。

一生を支配する絵

河上徹太郎編『中原中也詩集』（角川文庫）を読んでいて、あれ？　と思った。未完詩篇に「桑名の駅」があり、一九三五・八・一二という制作年月日の日付。その後に、「此の夜、上京の途なりしが、京都大阪間の不通のため、臨時関西線を運転す」と注記がなされている。巻末年譜を見るとこの年八月十日「妻子と共に山口を発ち、上京。風水害のため桑名で一日とめられ」た体験をすぐ詩にしたようだ。

「山口」（山口県吉敷郡山口町）は中也の生まれ故郷であった。中也は最初、京都に住み、そこで運命の女・長谷川泰子と出会う。一九二五年「三月十九日以前」に泰子と共に最初の上京、以後東京を転々と移り住む。「あれ？」と思ったのはここで、一九三〇年に松山から上京した洲之内徹と同じ時期、同じ東京の地で同じ空気を吸っていたことになる。それがどうした、と言われると困るが、一九〇七年生まれの中也は、三七年に三十歳で死んでいる。洲之内より六つ年上だが、長寿なら白洲正子を通じて、互いに面識を得た可能性もあった。あまりに早く逝去したせいで、中也が洲之内と同時代人というのを、ちょっと不思議な気がしたのである。

中也の没した翌年の一九三八年、洲之内は中国大陸にいた。徴兵を受けたのだが戦闘員ではなく、宣撫班員として対共工作や情報収集にあたっていた。四六年春に帰国するまでの八年間、前線に立つこともなく、山西省太原にある通称「洲之内公館」と呼ばれる事務所を与えられ諜報活動を続けていた。戦後に洲之内が書いた小説「鳶」、「雪」（のち「流氓」）、それと大原富枝の評伝『彼もまた神の愛でし子か　洲之内徹の生涯』（ウェッジ文庫）に、中国時代の洲之内の姿が詳しく描かれているが、ここでは踏み込まない。ただ、元思想犯のため「高級司令部要員として軍の機構の中にいても、常に監視の眼がつきまと」ったという。「軍にとっての彼の必要性が、辛うじて彼の安全を護っている」と大原は書く。戦闘状態の外地にあって、きわめて複雑な立場に置かれていたことが分かる。

そして、彼の一生を支配する絵との出会いがこの時あった。それが海老原喜之助「ポアソニエール」。作者名とタイトルをそのまま題とした『絵のなかの散歩』（新潮文庫）所収の一編は、「気まぐれ」シリーズの中でも屹立するピカ一の文章で、これに触れずして洲之内を語ることは不可能であろう。青い魚を入れた竹籠を頭に載せた美しい女が描かれた油絵である。一九三五年の作。洲之内コレクションの目玉の一つで、宮城県美術館ほかで、私は二度、実物を見ているが、絵の中に引き込まれそうになる名作だ。洲之内はこの絵と奇跡的に三度出会った。

洲之内は日本軍の汚点の一つ「三光政策」遂行を助ける作戦資料の作成を命じられていた。「それは憂鬱とも何とも言いようのない、厭な仕事であった」（「海老原喜之助『ポアソニエール』」以下同）。そんな複雑な思いを抱き、どうしようもなく心が思い屈した時、東亜新報の記者・保井を訪ね、見せてもらったのが「ポアソニエール」の入った原色版画集だった。

それは一枚一枚がばらばらになっていて帙《ちつ》に入った体裁の画集だが他の作品には興味がない。

「ポアソニエール」だけに会いに行くのだった。以下は、洲之内を語る時、レコードなら擦り切れるほど引用される文章である。ここは息を詰めて、ていねいに写す。

「紙に印刷された複製でしかなかったが、それでも、こういう絵をひとりの人間の生きた手が創り出したのだと思うと、不思議に力が湧いてくる。人間の眼、人間の手というものは、やはり素晴らしいものだと思わずにはいられない。他のことは何でも疑ってみることもできるが、美しいものが美しいという事実だけは疑いようがない。絵というものの有難さであろう。（中略）頭に魚を載せたこの美しい女が、周章てることはない、こんな偽りの時代はいつかは終る、そう囁きかけて、私を安心させてくれるのであった」

一枚の絵が見る者に働きかける力を、これ以上見事に表現した文章を私はほかに知らない。ほとんど暗誦するように、この部分を何度も繰り返し読む。この「絵の力」こそが、敗戦後に帰国し、松山で逼塞《ひっそく》していた洲之内を再び勇気づける。洲之内は松山で古本屋をやりながら、小説を書いていた。ある時、客が持ち込んだ本の中に、あの「ポアソニエール」の入った画集があった。それを額縁に入れて、帳場の壁に掛けていた。このあと、三度目の奇跡的とも言える出会いが待っていて、今度は本物。そして、とうとうわが物にすることができたのである。

戦後、「でもしか」（○○でもやるか、○○しかできない）の商売の一つに古本屋があり、蔵書を戸板に並べて路上で売るスタイルから、木造バラックの店舗まで、古本屋が急増した時期が数年あった。しかし、しょせん「でもしか」で、あっというまに姿を消す。洲之内も古本屋に失敗し、汁粉屋をしてまたつぶし、賭けマージャンで食っていた時期もある。書いた小説が一九五〇年の上半期、下半期と連続して芥川賞候補になり、いよいよ小説家として身を立てるため、再び東京を目指す。この時、すでに三十九歳となっていた。

大森に流れて

復員後、戻った故郷の松山で芥川賞候補になった男は、ちょっとした地方の名士である。そのまま松山に居続ければ、皆におだてられ、担がれて、お山の大将的文化人として収まった可能性もあった。

しかし、戦前に一度上京し、東京の空気を吸ってしまっている。そこへ芥川賞と横光賞候補が加われば、居ても立ってもおれなくなったのではなかったか。同じ一九一三年生まれで、松山中学で同級だったのが俳人の石田波郷。最初の上京が洲之内から二年遅れの一九三二年。しかし着実に俳歴を積み上げ、二十代ですでに名を成していた。召集を受け華北へ。敗戦翌年に妻子と上京し、江東区北砂町に居を構え、ずっとこの地に住み続けた（『ここが私の東京』ちくま文庫に詳述）。

洲之内の方は事情が違う。再上京は一九五二年十二月、翌年一月に四十歳となる。妻子を松山に残して（いずれ呼び寄せるという約束はあった）の挑戦で、どう考えても無謀である。私の上京が一九九〇年春、三十三歳になっていた。それでも遅いと感じ、人生を棒に振る覚悟でいた。何事もなさず、東京の街角でのたれ死ぬ姿も想像していた。だから言うが、三十九歳はあまりに遅すぎる。一九五二年の日本男性の平均寿命は六十一・九歳。人生は残り三分の一しか残されていない。

それに一九五二年の東京は、上京者にとってそんなに優しくはない。同年四月に連合国の占領は終わったが、米軍はそのまま駐留。内灘事件ほか反対運動が過熱し、現在に至る基地問題を爪痕として残す。戦前の治安維持法を思わせる「破壊活動防止法」が国会に上程され、これに反対した数千人が集結し、警官隊と衝突。死者二名、千二百三十名の検挙者を出す「血のメーデー」事件に発展した。高度成長はまだ先。小説家になりたいという松山の中年「坊っちゃん」が降り立つ東京は、あまりに騒然としていた。

洲之内が二度目の東京で住んだのが大田区大森であった。上京してきたのが十二月だったから、正月は田村泰次郎宅に寄宿、越年して、ようやく大森山王一丁目二五六〇のアパートを借りる。その後、西馬込の長屋へ移り住み、一九五八年三月、大田区入新井二丁目一二七（現・大森北六丁目一六―五）「小西荘」と居を変えた。「東京へ出てからの数年はどうして食っていたのか、いまになってみると、自分でもよくわからない。とにかく何をやってもだめ」だったと「海老原喜之助『ポアソニエール』」に書いているから困窮と迷走ぶりが分かる。

先に並べた住居は、すべて「大森」と総称される地域だ。東京美術学校に入学した最初の上京（一九三〇年）で住んだのは本郷、東中野、深川であり、土地勘があるのは学校のあった上野および深川、遊興でよく訪れた浅草などだろう。おおむね東京の東側で繁華な街であった。大森はそこから遠く離れた南西の地にある。なぜ大森だったのか。

東に羽田空港を有するこの地は、大正期まで畑と雑木林が広がる郊外だった。大森駅を挟んですぐ西側が複雑な地形を持つ台地で、高級住宅地として整備されていく。大正十二年（一九二三)、つまり関東大震災直前に尾﨑士郎と宇野千代夫妻が移り住んでのち、多くの作家や詩人がここで生活し「馬込文士村」と呼ばれる。ところが海に近い駅の東側は、森ケ崎鉱泉、大森海岸での海水浴と行楽地であった。同じ「大森」でありながら、まるで印象の違う街が「山の手」と「下町」に分裂して広がっていた。

洲之内は特高警察に逮捕され、ここで一旦東京とは縁が切れた。いわば苦い思い出のあるイースト東京であった。残り人生を賭けた小説家への道を歩むため、前回とは思いっきり離れた街へと考えたかもしれない。かつて多くの文士が住みついたエリアという意識も働いたろう。この地に住みついた文学の神様によって、何かご利益があるかもしれない。

最初に住んだのが大森山王のアパート。「気まぐれ」シリーズの一編「蛇と鳩」によれば、そこは小学校の近くにあったという。「大田区立山王小学校」であろう。「アパートの前の路地を下って池上通りへ出る角に酒屋があって、そこでは炭も売っていた」。そこで炭を注文したが、届けてもらっても払う金がない。部屋を留守にしようと決めて、銀座でフランス映画「悪の報酬」を観る。時間つぶしのため一回半観て席を立つと、階段で「八つに折ってきれいに畳んだ千円札が落ちていた」のを発見。ありがたく頂戴し、ライスカレー(アイスクリーム付き)を食べ、大森へ帰り酒屋で炭代を払った。一九五三年の公務員初任給が七千六百五十円。コーヒー三十円、ライスカレーが八十円。洲之内が拾った「千円」は、現在でいえば少なくともその十五倍ぐらいの実力があったと思われる。

この後も「蛇と鳩」では、財布や万年筆を拾った話に、好きだった女の思い出が書き加えられていく。それが「芸術新潮」に連載され、好評を得た。洲之内がいかに文章と人生で読ませる書き手だったかが分かるだろう。

しかし、我々が知る洲之内徹が洲之内徹として姿を現すまで、いまだ東京でしばらく待たねばならなかった。

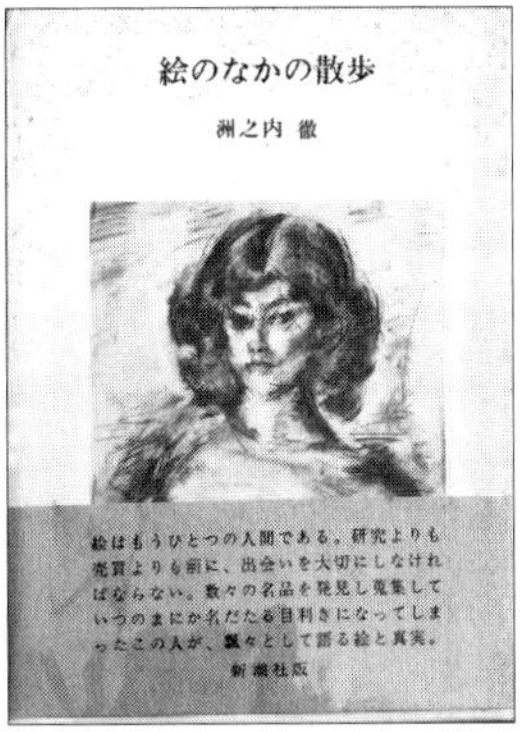

1973年に刊行された最初の美術エッセイ集

街の華、銀座へ

いくら何でも、もうそろそろ話を銀座へ移さねばならない。ここで小さな画廊を構え、画商となった洲之内徹が、「気まぐれ」シリーズで知る男となる。もうすぐ四十歳、という上京者としては高齢の小説家志望が東京で七年近く迷走する。下手な小説をぽつぽつ発表しながらそれでは食えず、雑誌（「これくしょん」一号で廃刊）、短編映画プロダクションを興してつぶすなど、散々な四十代前半だった。故郷の松山に帰れば家はあるし、それなりの名声もあったから、白旗立てて逃げかえる手もあったが東京に踏みとどまった。

万策尽きて流れ着いたのが、作家の田村泰次郎が始めたばかりの銀座「現代画廊」だった。田村とは戦時中、特務機関の情報員（かっこよく言えばスパイか）として中国にいた頃に知り合い、仲良くなった。田村は洲之内より二つ年上で徴兵を受け、五年余り中国山西省に従軍していた。早稲田大学仏文科卒で、いわゆる純文学作家であったが、戦後すぐ（一九四七年）に発表した『肉体の門』が百万を超えるベストセラーとなり、舞台、映画化も相次ぎ、一躍大流行作家となっていた。しかし、田村の作家活動はこの頃停滞していた。

田村は絵のコレクターであり、美術評論家連盟に所属するなど美術好きが高じて画廊を始めた。執筆に忙しい田村に代わり、夫人が社長を務めた。そこへ支配人として収まったのが洲之内だ。洲之内は「番頭」と称していた。画家でもなく、画廊や画商の経験があったわけではない。大胆な起用だが、上京を奨めたのも田村だというし、長年の付き合いから感じた洲之内像に賭けたのだと思うしかない。

「現代画廊」は中央区西銀座八─四にあった。外堀通りに面した、もう新橋にほど近い場所だった。すぐそばの並びに当時、文藝春秋社ビルがあった。第四十六回芥川賞（一九六一年下半期）の候補に洲之内の「終りの夏」が入っていた。十一年ぶり三度目の候補で、選考の日、受賞したら取材に行くからと言われ画廊で待機していたが、ついに知らせは届かなかった。この回の受賞者は宇能鴻一郎「鯨神」。作家の夢はここで潰えた。洲之内の文章に繰り返し登場する大森の四畳半一間の木造アパート「小西荘」から、最寄りの京浜東北線「平和島」駅から乗車し、おそらく「新橋」駅までの通勤。国鉄「品川」駅で山手線に乗り換えたかもしれない。

それにしても「銀座」である。雑誌の編集部が置かれたのは中央区築地、映画プロダクション事務所は新宿甲州街道口だったという。戦前の学生時代、若き洲之内が親しんだ街は「浅草」で、長いブランクを経て東京に根を生やし、次に通い始めたのが「銀座」だ。誰もが認める街の華であり、ここを舞台に映画、小説、歌謡曲が量産され、全国に東京の夢と憧れを振りまいた。田村は一九六一年七月、オープンから二年半で画廊を閉め、それを名前と物件そのままに洲之内が引き継いだ。その際、同じビル内の一階から三階に移転。これは家賃の問題だろう。同じビルの一階が「フジヰ画廊」、二階が「銀座画廊」という画廊ビルで、銀座は大小の画廊がひしめく街でもあった。

「画廊をやりだした田村さんの狙いは抽象絵画で（現代画廊という名称もそこから来ている）、外国の抽象絵画を持ってきて日本に紹介し、更に、できれば日本の抽象絵画を外国に紹介するというのがたてまえ（後略）」（「醱光『鳥』」）だった。画廊を経営しながら絵の現物を見る。しかも美術評論家とは違い、売り買いをして利益を出すという現実的な問題がつねに横たわり、洲之内の眼が鍛えられていく。そこから好みも生まれた。

額縁を買うためにいつも神田へ出かけた。神保町の喫茶店に入り、そこの壁に架かっている汚れた油絵二点に目を止める。児島善三郎だった。「いい絵ですねえ」と言い、交渉の末二枚を十二万円で買い上げる。このうち一枚がすぐに日本橋画廊に二十万で売れ、のち天ぷらの名店「天一」に四十万で転売された。公務員初任給が一万円強ほどの時代。評価が金額で示される画商の仕事は、いわば生きた美術批評だ。剃刀の刃の上を渡るような生き方をしてきた洲之内にとって、実力が十分生かせる仕事とついに出会えた。

銀緑館の三階で

一九六八年十月、画廊を松坂屋裏へ移転させる。住所は中央区銀座六丁目一一―一〇。「銀緑館」という古びた六階建てビルの三階だった（のち増築した最上階も借りる）。

この「銀緑館」とは関東大震災後の一九三一年に建てられた、当時としてはモダン建築で第二次大戦にも焼け残った。現在、旧松坂屋を含むこの一帯が再開発され、二〇一七年竣工の「ギンザシックス」という巨大複合商業施設に生まれ変わっている。「銀緑館」は二〇一三年に閉館、しばらくその姿を留めていたが、今や跡形もなく消え去った。

一九九二年からフリーライターとなった私は、マガジンハウスに通うようになり、銀座へはよく足を運んだのだが、ついに「銀緑館」を拝むことはなかった。洲之内はすでに亡くなり、「現代画廊」もなかったが、まちがいなくファンにとっては聖地となる場所だった。十分間に合ったはずなのになぜだろう。自分が不思議でならない。取材し、原稿用紙に文字を埋めるのに必死で気持ちの余裕がなかったのか。「しかし、お前はバカだったよ」と自分を叱っておく。

浅草の浅草寺、両国の回向院、上野の寛永寺と古くからの盛り場は寺社を中心に集客し、発展してきた。銀座はどうであろうか。築地本願寺はあるが、これは銀座のエリア外で、メルクマールとなる寺社のないことが逆に銀座を銀座たらしめている。この寺社に代替するのは百貨店ではないだろうか。銀座のへそとなる四丁目交差点周辺には、旧松坂屋、和光、三越、松屋と名だたる老舗百貨店が揃っていた。それに付随するファッション、グルメ。あるいは宝飾店、そして画廊。銀座には神社仏閣のご利益は期待できないが、抽象的な「美」を売る街であった。

銀座にどれぐらいの数の画廊があるか。さしたるデータはないが、三百軒近くあると言われている。他の街では考えられないし、住所が銀座であることに格付けがあった。実名を出して申し訳ないが、錦糸町、亀有、町屋と、その点では比較にならない信用度が銀座にはある。洲之内は、田村泰次郎が始めた「現代画廊」が銀座で、そのまま受け継いだにしても他の街へ移ることはしなかった。「東京で一番小さな画廊」と言われ、そんなことはなかったろうが否定をしなかった。洋画家の岡鹿之助が、洲之内を他の人に紹介する際、「この人は東京でいちばん小さな画廊をやっている人だよ」と言った(「岡さんとの話」)。ところが岡は「現代画廊」を訪れたことはない。それだけ洲之内と「現代画廊」の存在が知られていたという証拠でもある。

しかし、新参の「小さな画廊」ゆえに、洲之内は物故した無名の画家や、それで生活しているわけではないという意味ではアマチュアに近い新進の画家たちで個展を開いた。佐藤哲三、古茂田守介、髙良眞木、森田英二など、「気まぐれ」シリーズを読む前までは少なくとも私の知らない画家たちだった。一九六九年に発表した「北越に埋もれた鬼才・佐藤哲三」(「芸術新潮」十二月号)、「異色の画家・吉岡憲」(「画家」四月号)と、文章のタイトルにも洲之内の嗜好がはっきり表れている。

ところで、「松坂屋」裏時代の「現代画廊」について語る時、必ずと言って触れられるのが古いエレベーターだ。パリの古いアパルトマンなどで見かけられる手動式扉の、乗っている人が見えるタイプ。しばしばトラブル(梅原龍三郎が乗れない)を起こし、「気まぐれ」シリーズにも再々登場する「名物」だった。「銀緑館」竣工の時に設置された国産エレベーターだという。言葉では説明が難しい。どんなものかを体験したければ、千代田区神田小川町の「カフェヒナタ屋」の入っている振天堂ビルへ行けば、同等のものが現在でも稼働中だ。東京にいて、ちょっとしたパリ気分が味わえます。

この地に画廊を移し定着する一九六八年前後の数年が、洲之内にとって重要な転機となる。

前年より「芸術新潮」への寄稿が始まり、絵についての文章を執筆する。新潮社の編集者だった坂本忠雄（のち「新潮」編集長）からの執筆依頼が度重なるようになり、ついには書き下ろしによる『絵のなかの散歩』（新潮社）が七三年六月に発刊。「芸術新潮」誌上の長期連載「気まぐれ美術館」が始まるのはその翌年であった。絵や画家の周辺について語りながら、ときに自分の人生について触れるなど脱線しつつ絵というものが持つ魅力の核心へたどりつく。空前絶後のユニークな美術随想がこうして銀座の画廊から生まれた。

『気まぐれ美術館』の「あとがき、ということではなく」と韜晦《とうかい》した「あとがき」で、著者は書く。

「（連載の）『気まぐれ』を読んだという人が、十人の中の九人までは立ち読みなのにも、私は驚いている。雑誌というものは売れないものだなあと思って、あるときその話をすると、『美術手帖』のベテラン記者の上甲みどりさんが、／『美術のことで、立ち読みで読めるもの書けるって、たいしたことよ』／と言ってくれた。おそらくその辺が、私とこの本の唯一の取柄だろう」（カッコ内は引用者の注）。それほど「気まぐれ」シリーズは愛読されたのである。

銀座今昔

正井泰夫監修『昭和30年代　懐かしの東京』（平凡社）という本がある。銀座、丸ノ内、上野、浅草、池袋、新宿ほか東京の主要盛り場を取り上げ、昭和三十年代と現在（と言っても出たのは二〇〇一年）の都市地図、写真を並べ解説を加えたもので、昔の日本映画を観る時など傍らにおいて、大変重宝している。紙のタイムマシーンだ。その筆頭に掲載されるのが「銀座」。

繰り返しになるが、洲之内徹は昭和で言えば三十四年に銀座西八丁目の画廊「現代画廊」に勤め、三十六年に主となり引き継ぐ。四十三年に松坂屋裏の六丁目ビルへ移転。以後、六十二年十月の死まで三十年近く銀座へ通い、銀座の空気を吸った。『懐かしの東京』には、洲之内が歩いた銀座が可視化されている。それは時代としては次のような街だった。

「銀座の町は、昭和二十七年四月の対日講和条約発効による占領時代（オキュパイド・ジャパン）の終わりによって次第に活気を取り戻してきた。ＧＨＱに接収されてＰＸになっていた服部時計店（現・和光）や松屋デパートなどが接収解除となる。昭和二十八年には、のちに長く銀座のシンボルとなる森永の地球儀のネオンが出来、町が明るくなる。みゆき通りにはフランス語の名前のおしゃれな洋裁店や喫茶店が並び始め〝三丁パリ〟とか〝銀座パリ〟と呼ばれるようになる」（川本三郎『銀幕の東京』中公新書）。

昭和二十年代後半から三十年代の日本映画で描かれる時、必ずと言っていいほど「森永の地球儀のネオン」が映し出される。『懐かしの東京』にも「銀座四丁目交差点から有楽町方面を望む」写真に、ビルの屋上に設置された大きな地球儀（森永キャラメル、森永チョコの文字）がある。その手前「雪印」の看板を頂いた「三愛」ビルは、まだ二階までしかない。銀座の空は広かった。『懐かしの東京』の地図を見ると、有楽町駅周辺に「そごう」「日劇」、朝日、毎日、読売と各新聞社が寄り集まっていた。線路を越えると「東宝劇場」「有楽座」「日比谷映画」などの映画街がある。土橋から新橋、蓬莱橋、汐先橋と橋の名の残る、現在は首都高となるルートは、この時代まだ水を湛えた濠があった。昭和三十九年、東京オリンピックに向けて、急速に変貌していく銀座の旧世界が、まだかろうじて残っていて、洲之内もそれを見た。

銀座の街の描写などめったにしない洲之内が、じつに印象的な風景として銀座四丁目交差点を『セザンヌの塗り残し』所収「盗まれた独裁者」で書き留めている。

「九月の終り頃のある日の、午後三時頃、銀座四丁目交叉点の、四方の信号が全部停止信号に変り、交叉点の中から車の影も人の影も綺麗に消えたその一瞬、一匹の鼠が、三愛の角から三越の角へ、歩道の上の群衆の注目を集めながら、空っぽになったその交叉点を対角線に走り抜けた。堰き止められた車の流れが再び動き出そうとする寸前、渡り切った鼠は三越側の、下水の蓋の穴へチョロリと姿を隠したが、こんな光景を生涯に二度と見ることはないかもしれないなと私は思った」

初出年月日の記載はないが、おそらく昭和五十年代半ばのことかと思われる。プレヴェールなら、この題材でパリの風景としてただちに一編の詩に仕立てるだろう。絵とは直接関係のない素晴らしいスケッチが、「気まぐれ」シリーズには散見できて、それがいつまでも心に焼き付くのだ。

『懐かしの東京』掲載の昭和三十年代の銀座地図の中央通りにはまだ都電が走っていて、新橋寄りから天ぷら「天國」、高級果物店「千疋屋」、「資生堂パーラー」、「山葉ホール」、「ワシントン（靴店）」、菓子の「月ヶ瀬」、文具「鳩居堂」、「ライオンビヤホール」と銀座を代表するような名店が両側に並ぶ。食の名店、ファッション、その他銀座は買い物の「華」であったが、洲之内「気まぐれ」シリーズには、驚くほどその恩恵に浴した記述が見当たらない。

例外は「ライオンビヤホール」で、「毎晩画廊を閉めて街へ出ると、近くのビヤホールでジョッキに一杯のビールを飲む」（「安井曾太郎『少女』」）のが習慣だった。晩年はウイスキーを毎晩のようにあおる洲之内だったが、長らく「私はいっそ飲めないと言ったほうがいいくらい酒は弱い」人間で、画廊に遊びに来た人を誘って、中ジョッキが精いっぱいというところで一杯だけ飲んだ。「定量の中ジョッキ一杯飲んだあと、そのビヤホールのある通りを数寄屋橋の大通りまでぶらぶら歩いている頃がいちばんいい気分だ」と同じ文章にある。酒が好きというよりも「いい気分」になりたかったのか。銀座には「ルパン」を始め、老舗の著名な酒場がいくつもあるが、それらに出入りした形跡もない。食事もいたって淡泊で、客に誘われて、たとえば「天國」で天ぷらを食べたことがあったにせよ、それは「気まぐれ」シリーズには登場しなかった。

なにしろ住むのが大森の四畳半一間のアパートで、ここには生活道具一式ほか、商売道具の絵も保管されていた。住居環境の狭さから買い物は極端に制限されたのだ。それよりなにより、松山、戦前東京、戦中の中国、復員後の松山、そして再び東京と変転してきた洲之内にとって、つねにこの世は一所不住の思いがつきまとったのではないかと思われる。

「異国」を知る旅

私のような関西出身の人間にとって、関東はあまりに遠い地と認識されている。東京以北の千葉、群馬、栃木、茨城各県の位置関係がはっきりしない。ましてや関西在住時代は東北などはるか彼方だと思っていた。私も大阪から上京する以前、二十代までは東京以北の地を踏んだことがない。友人知人もほぼすべて関西および西日本の人間で、東北弁を喋る知り合いはいなかったのである。この遠さは、東京出身の人にはわからないと思う。

東京へ来て、取材や旅行であちこち出かけるようになり、そこで初めて東北が近づいてきた。仕事や遊びで何度も訪れた仙台など、新幹線で東京駅から一時間半である。東北だと思っていた新潟も北陸圏内で、これも速い新幹線の便なら二時間を切る。評伝『彼もまた神の愛でし子か　洲之内徹の生涯』（ウェッジ文庫）を書いた大原富枝は、洲之内が晩年に隅田川界隈をよく散歩したことを指摘し、こう書いている。

「わたしと同じく四国育ちの彼にとっても、隅田川界隈は異国のようにもの珍しかったにちがいない」

それを言うなら、洲之内にとって雪深い東北や北陸の町はさらに「異国」と感じられただろう。「気まぐれ」シリーズを読んでいると、銀座の画廊を経営するかたわら、じつにひんぱんに旅していることに気づく。しかし、それは物見遊山の観光などではなかった。

「限りなく倒産に近い画廊を続けて行くためには、すこしでも売り上げをふやす以外にない。しかし、ちっぽけな私の画廊では並べられる絵の数にも限度があり、来てくれるお客にも限界がある。せっかくの、この人をぜひ見てもらいたいと思う新しい作家の仕事を限られた人にしか見てもらえないのも残念」(「同行二人」)というわけで、地方でもひんぱんに展覧会を開く。その打ち合わせや絵の搬入のため自ら体を運ぶしかなかった。打ち合わせには鉄道を使うにしても、展覧会が決まれば絵を積み込んで「私は中古のライトバンを運転し、雨ニモ負ケズ、風ニモ負ケズ、花も嵐も踏みこえて、ひとりで走りまわっているという次第である」(前同)。

たとえばある年の三月、「四日に車で東京を出て、途中でいちど荷物を積みに戻ったが、東京には一日いただけですぐまた出掛け、二十一日の夜帰った。粁数にして三千七百キロ走った」(前同)というからただごとではない。小諸ではラジエーターを凍らせ、軽井沢の近くまでけん引し修理したり、松山では居眠り運転で大型トラックに追突し、これも修理代が十万円（当時）もかかった。

しかし、行く先々での人との出会いや、珍しい風景と対する体験が「気まぐれ」シリーズに生かされ、このシリーズに彩を添えた。とくに新潟が好きになった。きっかけは佐藤哲三（一九一〇―五四、新潟県長岡市生まれ）だった。

「新潟へは三年前に、佐藤哲三の遺作展のために、哲三氏の未亡人に案内してもらって作品を集めに行き、新発田、新津、水原と、北蒲原平野一帯の町から町を走り廻って以来、私はすっかり新潟が好きになってしまった」（「中村彝と林倭衛」）。

新潟との縁は年を追って深まり、阿賀野市・出湯温泉の石水亭が定宿になった。のち読者の申し出で同市山中に山荘を持つ。そこで愛憎劇が繰り広げられるのであった。

松本竣介の描く東京

洲之内が愛した画家の一人であり、私も偏愛している画家が松本竣介。静謐な都市風景を詩情豊かに描き、その画題としてもっぱら東京が選ばれた。松本は一九一二年東京生まれだが、幼くして岩手県花巻へ一家で移住し、二二年からは盛岡で暮らした。盛岡中学在学時代、流行性脳脊髄膜炎により聴力を失う。会話はもっぱら筆談で行われた。やがて絵を描くようになり、二九年、兄、母とともに上京する。西池袋、長崎町と東京西側を移動し、松本禎子と結婚する際に本名の佐藤俊介を松本に改姓し、のち竣介に改めた。

『絵のなかの散歩』所収「松本竣介『ニコライ堂』」で、竣介の描いた東京について洲之内が考察している。竣介より少し前、渡仏したパリをいかにもパリらしく描いた佐伯祐三に対し、「東京を東京らしくなく、東京から東京らしさを抜き去って」描いたのが竣介の特徴だった。洲之内は所有する「ニコライ堂」をじっくり眺めていて、ある発見をする。ニコライ堂はロシア人宣教師ニコライに由来する大聖堂で一八九一年に建設。正式名称は「東京復活大聖堂」といい東京都千代田区神田駿河台に現存する。竣介の描くニコライ堂は薄い茶色をベースに、絵の上半分、あたりを遮るものはなく、黒いシルエットでぽっかりと丸屋根を浮かび上がらせる。その下半分、傾斜のついた台地の下に、「く」の字の黒い鉄骨が何本か露わに突き出ている。これは推定一九四一年頃の作品。

ニコライ堂がある以上、これを御茶ノ水駅近くの実景として疑われることはなかった。しかし、洲之内はこの絵を持ってお茶の水近辺を歩いた。そして「ニコライ堂がこんなふうに見える場所」がないと知る。「鉄骨のコンビネーション」はどこから来たのか。じつは「新宿のガード」とされる彼のスケッチに、この鉄骨がそっくりの形で描かれていた。つまり「ニコライ堂」は駿河台と新宿の合成だった。この話の続きはまだある。

『気まぐれ美術館』所収「松本竣介の風景」は、なんと「芸術新潮」連載で四回も筆が費やされた。それがまさしく、「ニコライ堂」の発見に端を発する、竣介の描いた風景の現場を探す話だ。一九六三年平凡社発行の『松本竣介画集』限定二千部は、竣介の画業を総覧する画期的な出版で、以後長らく研究の底本となった。しかし場所の説明に誤りがあった。「画集では横浜となっているのが、実際は神田の一つ橋だったり、下落合となっているのが五反田だったり、逆に、下落合が神田になっていたりする」。このことを実証してみせたのが画家の丹治日良。彼は東京や横浜を歩き回り、「一枚の風景画の現場がどこか」を同定した。

洲之内は丹治に誘われ、複数の画集や展覧会カタログ、そしてカメラ二台を持ち二日間かけて現場探しを始めた。洲之内も書いているが、こんなことは「作品としての価値にはたいして関係はない」。画集の編者もわざわざ実地を訪ねて、それがどこで書かれたかを確認したりはしなかった。それでも同好の士二人は、「無償の努力と執念」で、次々と風景に描かれた現地（あるいは複数の合成）を発見していく。じつにスリリングな散歩となったのだ。

ちなみに丹治も一九二五年福島生まれの「上京者」。東京生まれの東京育ちの人は、おそらく東京に慣れ過ぎて、画集解説を疑うことすらしなかったのではないか。上京者である松本竣介の描いた東京を求めて歩くうち、竣介の目を通して洲之内も丹治も真っさらな東京を発見していく。二人の「無償の努力と執念」は、竣介の代表作「立てる像」の背景が、高田馬場駅から近い目白変電所と富士短大であることを突き止める。洲之内は絵、デッサン、写真、製作現場見取り図を使って、そのことを反論の余地なく証明して見せている。

圧巻は先述の「ニコライ堂」の「鉄骨のコンビネーション」の実地調査。そこで竣介がスケッチに「ガード下」とあるのを、新宿駅南口の甲州街道陸橋であると断定する。さらにスケッチで不明だった四角の水槽の頭部分について、アングルを変えながら検索した結果、甲州街道から南側へ下りてくる階段脇にあった「公衆便所」の屋根というところまで行きついた。洲之内自身の撮影による写真が掲げられているが、この決着にはうなるしかない。

現在、新宿駅東南口からすぐエスカレーターと階段で直結する「東南口広場」は商業ビル「新宿フラッグス」と隣接し、オシャレな一角へと変貌したが、一九九〇年代初頭まで、ここは階段下に公衆便所がある猥雑な空間だった。私もよく覚えているが、斜面を切り崩した小さな広場には、バラック建てのような小さな酒場、金券ショップなどが並んでいた。甲州街道脇の石段を使うことはあっても、足を踏み入れたこともない。きわめて戦後の匂いの残る貴重な場所だった。

新宿公衆便所の話はこの後、戦時中の知り合いとの奇跡的再会へとドラマ性を帯びてくる。脱線のように見えて、いつのまにか絵につながるのは「気まぐれ」流。戦前の学生生活の期間も足して、東京暮らしが人生の約半分に達した頃、ガンに侵され洲之内徹は急逝する。一九八七年の九月頃より体調の異変を感じ、病院の検査を受けに行こうと立ち上がった時、突然倒れ、一週間後に息を引き取った。享年七十四。「唐突に金属が破断するようなその死に方」と関川夏央は評した。会ったこともない人だが、文章を通して洲之内徹は私の中で生々しく生きている。

第三章

浅川マキ

雨降る新宿の黒の歌姫

浅川マキと『はみだし野郎の子守歌』

浅川マキという稀代のブルース歌手を、新宿一九六八年という起点から考えたい。私はこの時、まだ十一歳で大阪の中学一年生（早生まれ）。精通もまだない。将来、マンガ家になることを夢見て、浅川マキという存在さえ知らなかった。この年のシングル盤売り上げの上位は、「星影のワルツ」、「帰って来たヨッパライ」、「恋の季節」、「小樽のひとよ」、「恋のしずく」、「花の首飾り／銀河のロマンス」など。歌謡曲全盛で、そこにグループサウンズ、ムード歌謡、演歌が混在し、ザ・フォーク・クルセダーズに「アングラ」台頭が見えた。

しかし、英語のリーダーで「ディス・イズ・ア・ペン」などと習う十一歳から浅川マキは遠かった。紅白歌合戦始め、テレビの歌番組にも出演しない。誰もが知る大ヒット曲もない。可視化されない存在だった。やがてフォークソングの洗礼を受け、ギターを持ち歌うようになるが、この頃のフォークソングの歌集に浅川マキも入っていた（天地真理も入っていたからめちゃくちゃだ）。「かもめ」くらいは知っていただろうか。

最初の浅川マキとの出合いと言えばコミックだった。小学校高学年から「COM」というマンガ雑誌を読み始める。この点はいささか早熟で永島慎二を神とあがめるようになるが、同誌の版元となった虫プロから出た真崎守《もり》『はみだし野郎の子守歌』（一九七〇）の中で、「夜が明けたら」「かもめ」「ちっちゃな時から」など浅川マキの歌が引用されていた。いや、引用というより、歌からインスパイアされて作品が描かれたのだ。真崎守は「翔べないカラス」「死春記」など浅川の歌の作詞もしている。最初は真崎守経由の浅川マキだったのだ。ちゃんと音楽として聴くようになったのは大学生になってからだと思う。この頃、ジャズを聴き始め、ビリー・ホリデイに浅川のルーツを見たが、むしろその独自性は、どんなジャンルにも組み込まれない世界だと思っていた。なにしろ着る服も髪も、声も写真も「黒」かった。その「黒」さは、冒頭に挙げた同時代の歌たちのカラフルさの中で突出して異様ですらあった。

浅川マキ（あさかわ・まき／1942-2017）現在の石川県白山市生まれ。60年代末の新宿で注目を浴びる。

今回、浅川マキについて書くため、手もちの資料をあさっていたら新譜ジャーナル別冊『浅川マキの世界　ＭＡＫＩ』（自由国民社・一九七二）が出てきた。買ったのはリアルタイムではなく古本屋であるが、よくぞ売らないで残していたものだ。これは浅川マキについて書く第一次資料で、検索してみたらネット上の古書価は、書き込みありの最低価が千円、高いのは五千五百円となっていた。レパートリーの楽譜、野坂昭如との対談、自身のエッセイ、浅川マキ論、専属の写真家・田村仁（タムジン）の写真などで構成されている。そうそう、ここに真崎守のマンガ「25時63分」が採録されていて、浅川の「ちっちゃな時から」を父子相姦と読みかえた作品だった。

その後も浅川マキを意識しながら聴き続けた。それでも、次のことがなければ、浅川マキについて書こうとは思わなかったろう。私はフォーク界のレジェンドである中川五郎さんとお近づきになり、国立の民家ギャラリー「ビブリオ」でフォークのライブ&トークイベント「中川フォークジャンボリー」を手伝うようになった。毎回、フォーク歌手を招いての会だったが、その裏方とトーク部分の司会を私が担当した。第六回（二〇一六年二月五日）が「浅川マキの夜」で、デビュー時からプロデューサーとして伴走した寺本幸司さん、初期から長くギターを担当した萩原信義さんと因縁浅からぬお二人から話をうかがったのである。このインパクトが大きかった。

当時、私が書いていたブログにその夜のことが記されている。一部、少し手を入れて引用しておく。

「昨夜、ぶじ『中川フォーク・ジャンボリー6　浅川マキの夜』をにぎにぎしく終える。ホッとした。客席はぎゅうぎゅうづめ、さぞ肉体的に大変だったと思う。申しわけないです。しかし、さすが浅川マキの至近にいたお二人だけあって、見たことのない浅川マキの素顔に触れた気がした。寺本さんによれば、デビュー曲『東京挽歌』（帆歩健太作詞・小林亜星作曲）のプロモーションで、有線やレコード店を浅川マキと回った。このとき、浅川マキはミニスカートを履いていた。『脚がきれいでした』と萩原さん。浅川マキが歌っていた「銀巴里」へ、寺山修司を連れていったのも寺本さん。二、三曲聞いて、寺山は『この歌手はすごいね』と一発で気に入り、肩入れするようになった。その肩入れ度は、十三曲をすぐさま書き下ろしたことでもわかるが、寺本さんによれば、その後も、浅川マキのために書いた詩稿が束になって届いたという。浅川マキは美空ひばりが好きで、その歌唱力を認めていたという記述が資料にあったが、寺本さんによれば、『リンゴ追分』を浅川マキが鼻歌でうたったことがあった。『すばらしいものでした』」。

あの浅川マキがミニスカート！　考えたら当たり前で、最初から長い黒髪に長いつけまつげ、つねに黒いドレスに黒いコート、そして黒いサングラスと「黒」づくめだったわけがない。浅川マキにカラーの時代があった。一九六七年に寺本幸司と組んでビクターよりシングル盤「東京挽歌」（帆歩健太作詞・小林亜星作曲）でデビューした時、四二年生まれの浅川は二十五歳。一九六七年は痩身のモデル・ツィッギーがロンドンより来日し、ミニスカート旋風が巻き起こった年。その五年前、一九六二年に石川県石川郡の漁師町・美川町（現・白山市）から歌手を夢見て上京してきた娘が浅川マキだった。夢見るように東京を目指した浅川マキのデビュー曲が「東京挽歌」とは。何やら意味深である。

二十歳の家出常習犯

まずは生い立ちと故郷から。本名・森本悦子は一九四二年一月二十七日石川県石川郡美川町

（現・白山市）生まれ。同年の生まれにポール・マッカートニー、モハメド・アリ、ジミ・ヘンドリックス、山下洋輔、日野皓正、李麗仙、串田和美、川久保玲などがいる。六歳の時に父を失い、母と妹の三人暮らし。母・森本清子は川柳結社「番傘」に所属する俳人で、句集『清流』（一九七二）がある。故郷となる美川町は日本海に臨む手取川河口に広がる小さな漁村だった。特にマキの住む集落には家が五軒しかなかったという。最寄り駅は北陸本線「美川」。現在の地図で確認すると、仏壇店の数が多いのは、「美川仏壇」という伝統工芸の町だからだ。

「北陸は雨が多い／弁当忘れても　傘忘れるな／石川県の美川町／母と妹とわたしの三人暮し／美川町はごく小さな漁師町／高校出てその町の役場に勤めたら国民健康保険係をやらされた／町長さんはいつも羽織　はかまだった」（「町役場」）と「今夜ほど淋しい夜はない」（『ドキュメントソング』ブロンズ社・一九七二）に書いている。浅川マキが金沢にある石川県立金沢二水高校を卒業したのが一九六〇年春。保険係とは、後年のマキのイメージからするとあまりにミスマッチだが、限定的だった旧法に対し、国民全ての加入が義務付けられた「国民健康保険」制度が一九六一年に施行され、業務は多忙だったろうと想像される。

金沢二水高校は一九四八年創立の名門校で、卒業生に森喜朗、上野千鶴子、鹿賀丈史などがいる。校舎は緑が丘、犀川に近い場所にあり、おそらく金沢駅からバス通学したのではないか。金沢はお茶の文化の影響か、喫茶店の多い町であり、ジャズ喫茶もあった。マキは高校時代からジャズを聴き始め、文化都市・金沢で青春を送ったのである。しかし、卒業後に地元の町役場に勤めだすと一挙に沈滞する。なにしろ町長は「羽織　はかま」姿である。

唯一の楽しみが、町に一軒だけあった映画館で映画を観ることだ。おそらく「美川都劇場」（一九六三年頃閉館）と思われるが、ここで「お姐ちゃんトリオ」などの邦画を観たという。東宝が売り出した若手女優、団令子・中島そのみ・重山規子による三人娘を主演に「大学のお姐ちゃん」（一九五九）を始めシリーズ八本が製作された。このシリーズを特集した「ラピュタ阿佐ヶ谷」の解説「めっぽうイキのよいお姐ちゃんトリオが、若さとお色気を武器に、スクリーンをところ狭しと駆けまわります」を読めば、だいたいどういう映画か想像がつくだろう。私は未見。

マキは映画に感動したわけではなかった。

「町にはたった一軒映画館があって『みやこ』と言う名のその映画館ではお姐ちゃんトリオのあの映画等が遅れ〴〵で上映されていて有楽町に山手線が入って来る場面などはわたしをひた

すら東京に行きたがらせた」（前出「町役場」）。

現在、美川町に映画館はない。マキが観たのは「銀座のお姐ちゃん」（一九五九）ではないか。三人が銀座にある週刊誌編集部で働くという設定。映画に映る東京の都市風景を羨望のまなざしで、恋い焦がれるように見つめる。これぞ地方在住者の特権である。日本海の波が打ち寄せる漁村で町役場と家との往復が永遠に繰り返される日常にマキは耐えられなかった。「二〇歳になったとき、町役場を退職し、ある日『お姉ちゃんは東京へ行くからね』と、こっそり妹にだけ告げて、夜行列車に乗って上京している」と寺本幸司が証言している（「街から」一四一号・小室等との対談）。

「妹の泣き叫ぶ声を背中に　わたしは母にも内緒で」（前出「町役場」）というから、一九六〇年代の家出は演歌っぽかった。

しかも、これが初めての「家出」ではなかった。「guts」（一九七一年十二月号）のよしだたくろう（吉田拓郎）との対談で、「私は5回ぐらい家を出るのに失敗してさ、6回めにやっと成功するみたいなことあるわけよ。それで東京で暮らせるようになって、もう石川県には帰るまいっていうのがすごくあるわけね」と家出常習犯であったことを明かす。一九六二年二月、二十歳になったばかり。一九六八年十月まで、金沢から上野まで「黒部」という急行が運行していた。金沢駅十九時発で翌朝六時前に上野駅着。これでも十一時間だが、マキは「各駅停車」で上京したという。代表曲「夜が明けたら」で「夜が明けたら一番早い汽車に乗るから」と歌ったが、実際は「一番遅い汽車」だった。もっとも、これは始発の意味か。上野駅はその日雨で曇っていて、山手線に乗り換えてまず向かったのが有楽町だった。「お姐ちゃん」で観た有楽町に石川県の役場で働いていた「お姉ちゃん」が立つ。

寺本幸司がプロデューサー人生をまとめた『音楽プロデューサーとは何か　浅川マキ、桑名正博、りりィ、南正人に弔鐘は鳴る』（毎日新聞出版）は、当然ながら浅川マキの比重が高い本だが、初のシングル盤「東京挽歌」で全国キャンペーンをしていた頃、こんな会話を交わしていた。夜行列車に乗って家出して、上野に着いた後、「どこへ行ったの？」と聞かれ、「有楽町」との返答に寺本が驚く。フランク永井「有楽町で逢いましょう」のイメージと浅川マキはかけ離れていた。しかし、マキはこう続けた。

「ええ。有楽町って楽しみが有る町って書くでしょう。ずっと、行ってみたかった」

この純情と一途さに胸が震える思いだ。この時、浅川マキは本名の森本悦子に戻っている。

寺本はこう書く。

「マキは憧れるという言葉はひとつも使わなかったが、北陸との距離を感じた。そして、マキは、なにかにつけて『寺本さんは東京の人だから』というようになった」

先の吉田拓郎との対談で、互いの上京者としての思いを語り合っている部分がある。この時、マキはかなり正直になっていると思われるので引いておこう。

「私なんか、北陸の暗い空みたいなものに耐えかねて出てきたってところがあるんだけど、いまは、結局どこで暮らしても同じだろうと思っているのさ。（中略）それで東京で暮らせるようになって、もう石川県には帰るまいっていうのがすごくあるわけね。というより、またあそこへ行くんじゃないかっていう恐怖があるのね。（中略）そのへんが、私はどこで暮らしても同じだろう、と言いながらさ、なんか半年にいっぺんぐらいは、電気もついてない、まっ暗な所をうろつく夢を見ちゃうわけよ」。

これに対し拓郎は「逆の意味で、石川県というのをどっかで意識してるんだね？」とマキの思いを察している。広島からの上京者である拓郎は「広島よりも東京が好きなんだよと言ったっけ」（「風邪」）などと歌い、対談でも「いなかから出てくる時は、ぼくなんかアンチ東京で出てきたわけだけど、1カ月もたつと、東京のほうがいいってことになっちゃって……」と故郷に対する思いの違いを見せる。

故郷に背を向け、東京へ憧れつつ、同時に突っかかるような抵抗感を持つことはマキも拓郎も一緒だったろうと私は思う。ただ抵抗感という点でのエネルギーがマキの方がより高かったし、そして「東京の人」にも憧れと劣等感、疎外されたような気持ちを抱いていたのではないか。吉田拓郎は初期こそ平仮名表記で名乗ったが、基本は本名の素に近いまま東京で生きた。浅川マキは森本悦子という本名とは別の浅川マキというフィクションの中で生きた。「もとを正せば、浅川マキは寺山修司によって上演されたひとつの劇であった」と五所純子が書く通りである(『ロング・グッドバイ　浅川マキの世界』白夜書房)。

全国の若者を「家出のすすめ」(『現代の青春論』三一書房・一九六三)で扇動した寺山修司が、マキと最初に会った時、プロフィールを聞いて「『そうか、浅川君も家出娘なんだ!』と寺山さんが同志を迎えるような表情で笑みを浮かべていた姿を思い出します」と、二人の邂逅を仲立ちした寺本幸司が回想する(前出「街から」)。一九三五年生まれの寺山も、夢見るように故郷の青森から東京へ出てきた上京者だった。「家出」教の教祖と、石川県から出てきた家出娘が運命的な出会いを果たす。それが一九六八年新宿だった。

新宿前夜

石川県からの家出娘が一九六二年の東京・有楽町に降り立ってから我々が知る浅川マキとして一九六八年十二月新宿の「蠍座」に現れるまでの六年間、東京はコマ落とし撮影のごとく急激に変貌を遂げていく。一九六四年「東京オリンピック」開催を里程標に六〇年代から七〇年代へ、高度成長の坂を足早に駆け上がる。坂の下が銀座（有楽町）、坂の上が新宿だった。その体現者の一人が浅川マキであった。

浅川マキには自作の「さかみち」という曲がある。

わたしが住んでいるアパートは
坂の途中にある
雨が降る日

坂をすべって行く車
わたしの部屋の前を
通り過ぎた途端に
車の音はふっと消え
入ってしまう

こうして煙草を
喫かして
壁を見つめていると
どうやら
わたしは
センチメンタルに
なって来るらしい

その夜も遅く坂を
戻って来た
ふと見ると
部屋に
灯りがついていた

何だか
うれしくなって
立ち止まったが
わたしには
わかっていた
あれは消し忘れ
だってね

或る日
又雨が降って
わたしは坂を降りて行く
そして　部屋の前を
通り過ぎていく

この「坂」をめぐる視点と情感は、やはり東京に住み始めて得たものではないか。

それまでの歌謡曲の世界で言えば「東京行進曲」（一九二九）あたりを嚆矢に、「銀座の柳」「東京ラプソディ」「西銀座駅前」「銀座旋風児」「銀座の恋の物語」「二人の銀座」など、東京を舞台にする歌はほぼイコール銀座であった。「たそがれの銀座」（一九六八）あたりまでそれはつづく。これが昭和の前半。ところが七〇年代に向けて、新宿が銀座に取って代わって歌われるようになる。これはあまりに数が多いので扇ひろ子「新宿ブルース」（一九六七）から、藤圭子「新宿の女」、中村晃子「裸足のブルース」、八代亜紀「なみだ恋」（一九七三）などを挙げておこうか。なかでも藤圭子の存在が光る。この点については後述する。銀座から新宿への主役の交代は日本映画にも反映されている。

一九六二年から六八年にかけて日本の音楽業界は、めまぐるしく展開していく。六二年はベンチャーズの初来日でエレキブームが起こる。六六年のビートルズ来日が台風の眼となり、六〇年代前半の短期間であったがグループサウンズという摩訶不思議な歌謡曲の鬼っ子が登場、のちフォークブームに駆逐されてしまう。しかしこれも短かった。あとは演歌に歌謡曲、ムード歌謡も姿を見せ始める。ブルースや黒人霊歌の歌手を目指して上京した浅川マキの身の置きどころはなかった。

一九六八年までのマキの足取りをたどりたい。寺本幸司によれば「上京して早々に小さな音楽事務所のオーデションを受けてパスし、その音楽事務所はキャバレーやクラブにブッキングしている所だったので、すぐに都内や横浜のキャバレー、立川や沖縄の米軍基地内のクラブなどで歌い始めたということです」(「浅川マキのいた六〇年代新宿」/『街から』一四一号)。本場のロックやブルースで耳の肥えた米兵を相手に、マキの歌はうけただろうか。本人の証言が見当らないのでわからないが、以後の歌手・浅川マキの修行の場となったことは間違いない。

プレ浅川マキのことを書いているのが関川夏央。「新宿で彼女がくれたブルース」(『やむを得ず早起き②　夏目さんちの黒いネコ』小学館）は、訃報を受けて丸々一回分をマキへのオマージュに費やしている。

「銀座七丁目の伝説的シャンソニエ「銀巴里」の近くに、元映画女優の島崎雪子が経営するライブハウスを兼ねた喫茶店「エポック」があった。沖縄から帰った彼女はその店の専属となり、丸山（美輪）明宏の前座で歌った。やがておなじ境遇の上條恒彦や亀渕友香とゆるやかなグループを組んで、ゴスペル、ソウル、ブルースを日本語で歌った」

島崎雪子（一九三二～二〇一四）は新東宝から『山のかなたに』でデビュー、東宝へ移り『めし』『若い人』『七人の侍』と美貌を買われ、名作に出演している。『七人の侍』では、野武士にさらわれ慰み者となる、利吉（土屋嘉男）の女房を演じた。火炎をバックに壮絶な美しさであった。一九五九年よりシャンソン歌手に比重を移し、六三年銀座にシャンソニエ「エポック」を開店、二十年も経営を続けた。マキの出演はその一ページを飾るものだった。

それにしても「丸山（美輪）明宏の前座」というのが興味深い。丸山と浅川マキを結ぶのは寺山修司だ。寺山は一九六七年に演劇実験室「天井桟敷」を結成。四月十八日に草月アートセンターで「青森県のせむし男」を旗揚げ公演。主演が丸山明宏だった。同年六月に「大山デブコの犯罪」（新宿末広亭）、そして九月にアートシアター新宿文化で、再び丸山を主演として「毛皮のマリー」が上演される。このアートシアター新宿文化の地下にあったのが「蠍座」で、一九六八年に浅川マキが「ワン・アーティスト・ショー」というコンサートを開き、伝説となる。前出の関川の文章によれば「夜十時開演、帰りは終電になるのに三日間とも満員、本人がいちばん驚いた」という。新宿が浅川マキを発見した。

この時、コンサートを演出したのが寺山。同年三月には『書を捨てよ、町へ出よう』（角川文庫）が出版されており、一九六七年における寺山の起爆性と扇動力に改めて驚く。

一九六七年の「夏にさまざまな青春が新宿に出そろった」と『東京映画名所図鑑』（平凡社）に書くのは冨田均（一九四六年東京生まれ）。冨田は東京をくまなく歩き、実地調査を著作にまとめるライター。この年の夏、テレビ番組の討論会「今年の夏のこの若者たち」に呼ばれるが、そこで顔を合わせたのが「三派系全学連の委員長やべ平連、原理研究会の幹部、そしてアンダーグラウンド派、新宿乞食（日本ヒッピーズ）、フーテン族らの代表」だった。「この集団のうち原理研究会を除くすべてが新宿にさまざまな意味で根拠を置いていたといっても過言ではない。相互に刺激し合い、またある意味で相互に深く関係を持っていたともいえる」と冨田は書く。

揮発性が高い新宿は、この時マッチ一本の火で爆発しそうだ。浅川マキ登場の舞台は、こうした新宿の若者たちと街の熱い空気により準備されていったのだ。

変貌する新宿の足元で

浅川マキを知る人でも、言われれば「それは意外」と驚くのは小説を書いていたことだ。『幻の男たち』(講談社)として一九八五年に発表されている。短編八編を収録。「あとがき」の類がないので出版の経緯は不明だが、「埠頭にて」のみ「月刊カドカワ」からの転載と注があるので、ほかは書き下ろしらしい。すべてがいわゆる私小説。マキが出会った男たちを回想している。たとえば「向う側の憂鬱」は本多俊之、「プロデューサー」は寺本幸司、「埠頭にて」は吉田拓郎というふうに。男たちをだしに自分を語っているところもあり、浅川マキを知る一等資料でもあるのだ。挟み込み栞の対談相手はなんと柄谷行人。これは講談社文芸文庫に入れてほしい。

たとえば「向う側の憂鬱」には「わたしは、東京で暮らしはじめて、雨が少ないのに驚いた。

冬の晴れた日の多いのに、それだけで、育った土地に帰ることもないだろうと思ったりする」と書く。マキの育った北陸の海辺の土地は、日本海の湿った海風にさらされ、陰鬱な空から降る雨に道はいつもぬかるんでいたようだ。関東平野の空っ風が吹く東京は乾いた街だった。

すっかり東京になじんだ浅川マキが、降臨という形で一九六八年の新宿「蠍座」に出現する。「一九六八年」とはいかなる年だったかに的をしぼり蔵書からかき集め、一部買い足した書籍や雑誌がいま傍らにある。四方田犬彦編著『1968〔1〕文化』(筑摩選書)、中川右介『1968年』(朝日新書)、むのたけじ・岡村昭彦『1968年　歩み出すための素材』(三省堂新書)、高野慎三『つげ義春1968』(ちくま文庫)、「団塊パンチ3　特集1968年に何が起こったか？」(飛鳥新社)に、参考書として本間健彦『60年代新宿アナザー・ストーリー』(社会評論社)ほかを加えた。もちろん、これはほんの一部であろう。それにしても「一九六八年」という一年の象徴性の強さを思わずにおれない。円谷幸吉の自殺、三億円事件、川端康成ノーベル賞受賞、ベトナム戦争、三島由紀夫「楯の会」結成、つげ義春「ねじ式」、岡林信康「山谷ブルース」、映画「2001年宇宙の旅」公開……この一年に起こった事象を並べるだけで息苦しくなるほどだ。

新宿だけに的をしぼれば駅西口広場でフォークゲリラと呼ばれる若者のギターと反戦歌の集会があり、東口駅前広場は解放区となり、フーテン、ヒッピーと呼ばれる若者たちがたむろした。一九六八年十月二十一日「国際反戦デー」にはこの東口を学生や野次馬約二万人が埋め尽くし、機動隊と衝突する。ここで注目したいのは、東西の広場を埋めたフォークゲリラ、フーテン、ヒッピーたちが地面に直接座り込んでいたという点である。当時を撮影した写真や映像で分かる。友部正人は「まちは裸ですわりこんでいる」とのちに歌った。

一方で一九六八年完成の「霞が関ビル」を皮切りに、超高層ビルが林立する都市開発が加速する。その大規模な実験道場が新宿西口で、それまで周辺を占拠していた淀橋浄水場が役目を終え、跡地に「新宿副都心」計画が実行される。「京王プラザビル」がその先頭を切り、建設の発表があったのは一九六八年だった（開業は七一年）。以来、住友ビル、三井ビル、東京都庁舎と新宿西口一帯は空へ空へ

60年代末の若者たちによる熱狂の新宿西口反戦フォーク集会

と伸びていく。東口と西口の広場で座り込んだ者たちは、メガロポリス化する東京に抗うため重心を落としたのではないか。浅川マキにいたってはさらに重心を落とし地下からの再出発であった。この時期、音楽、映画、演劇、漫画などの前衛的活動を「アングラ」(アンダーグラウンドの略)と呼んだことは、じつに意味深。浅川マキも「アングラ歌手」と言われた。

この頃、浅川マキはどこに住んでいたか。くわしい引っ越しの履歴は不明だが「東京で暮し始めた頃、三畳の下宿の電蓄でビリー・ホリデイの『身軽な旅』を聞いていた」(「あの娘がくれたブルース」/『ロング・グッドバイ』)が最初に見える記述。場所は分からない。次に「一九六〇年代の半ばを過ぎた頃である。わたしは、大井町界隈の商店街を通り抜けて左に少しばかり入った小さなアパートに暮らしていた」(「プロデューサー」/『幻の男たち』)とある。六畳一間の部屋に、アップライトのピアノがあったのは、一緒に住む男がジャズピアニストだったからだ。

参宮橋のアパートに住んでいたのはいつ頃だろう。小田急小田原線「参宮橋」は新宿から二つ目の駅で、住所は渋谷区代々木。深夜、電車がなくなっても新宿から歩いても帰れたはずだ。目の前で建設が進む高層ビル群を見ていたというから、まさに変貌する新宿の目撃者であった。明治神宮と甲州街道に挟まれた静かな住宅街で、新宿から近いとあって知人や友人、ミュージシャンたちのたまり場となっていたようだ。地の利もよかったのだ。

のち「神田川」で歴史的なヒットを生む作詞家の喜多條忠《まこと》（一九四七〜二〇二一）もその一人。『ちょっと長い関係のブルース　君は浅川マキを聴いたか』（実業之日本社）という友人たちの文集の責任編集者となっている。喜多條忠は早稲田大学の学生時代、丸山明宏を聴くために入った「銀巴里」で初めて浅川マキの舞台と遭遇し衝撃を受ける。「黒く長い髪、黒い服、黒い靴、そして地の底を手さぐりで這うように絞り出される黒い声、黒い情念。日本海からの風に舞う、鉛色の空からの黒い雪の様な声が全身を縛った」（同著より）。

以後、「銀巴里」へ通いマキ本人とも口を聞くようになる。参宮橋アパートにたむろする「顔」の一つともなった。そこには「いつも誰かがいた」という。長谷川きよし、写真家の田村仁、プロデューサーの寺本幸司、東大の学生で「神田クン」と呼ばれていたのがのち小椋佳となる。

「シッカロールの缶をへしゃげた灰皿に煙草が溜まり、朝陽が昇る頃に解散となる。腹が減ると下の『クリクリ』というインド好きのマスターとママの居る店でドライカレーか、ピラフを食う」。帰り際、貧乏学生の喜多條にマキが四つ折りにした五百円札を手渡してくれた。現在の物価で換算すると五千円ぐらいか。

大井町在住時代かと思うが、キャバレー回りをしている売れない歌手だったマキは「出演したあと、まっすぐに帰らずに、新宿のジャズ喫茶でひとり座っている。一番電車は寒かった」（「プロデューサー」／『幻の男たち』）という。浅川マキもまた「新宿の女」だった。一九六一年に新宿でジャズバー「DIG」をオープンさせた中平穂積は「団塊パンチ」（前出）の取材に「外に出るとすさまじい時代だったのに、ジャズ喫茶にいる人たちは静かに、静まりかえって聴いていたという不思議なことをやっていましたね」と答えている。外は嵐。しかしジャズ喫茶という空間は音楽以外は静かで、荒れ狂う心を静め包んでいた。それは一九六〇年代、「喧騒の聖地」（『団塊パンチ』）において僧院のような役目を果たした。

新宿を魅了した歌手

雑誌「東京人」の二〇〇五年七月号の特集が「新宿が熱かった頃　1968―72」で、ここにイソノヨウコの手による「一九六八年新宿地図。」が見開きで掲載されている。国鉄新宿駅東口から東側世界の店舗や劇場などの固有名詞が地図の形で示されている。そこには「紀伊國屋書店」「ピットイン」「風月堂」などが「伊勢丹」に至るまでに並ぶ。一九六八年に撮影され翌年公開された大島渚監督『新宿泥棒日記』で私が拝むことのできた新宿たちだ。

新宿通りをさらに東へ行くと、明治通りにぶつかる。この地図の秀逸は「すがぬま会館」前に「１９７１年12月に爆破された交番」まで記されていることだ。紙の上の平面空間がこの時立体で起ちあがってくる。そのまま新宿通りを東進すると「京王名画座」「新宿東映」、明治通りを北上すると「東宝」「大映」と封切館が続き、新宿が映画の街であったことをうかがわせる。そしてその先、「ＡＴＧ／新宿文化／蠍座」が見える。現在、跡地に「ＥＪアニメシアター新宿」「シネマート新宿」がある場所こそ、「新宿が熱かった頃」の前衛拠点であった。

戦前に東宝の契約館として開館した「新宿文化」は、戦後三和興行に経営が移る。ＡＴＧの映画館として一九六二年、「アートシアター新宿文化」と改名、支配人に指名されたのが葛井欣士郎だった。葛井はビルを岡本太郎の手を借り全面改装、出し物を含め旧態を刷新させ新・「新宿文化」のカラーを作った。一九六〇年代の天井桟敷、状況劇場などの演劇ポスターのデザインを手掛けた宇野亜喜良は、前出「東京人」のインタビューに登場（聞き手は太田和彦）。

新宿にアンダーグラウンドが生まれやすかった理由を「葛井欣士郎さん（アートシアター新宿文化劇場支配人）の力が大きかった」と端的に答えている。

葛井が次に着手したのが、それまで楽屋兼従業員控室として使われていた「新宿文化」の地下を改装し、劇場に変身させたことだ。三島由紀夫の命名「蠍座」が一九六七年に開館し伝説を上塗りする。つまり、一九六八年十二月十二日から十四日、ここで「浅川マキin蠍座・三夜ライブ」が開かれたからである。構成・演出を寺山修司が担当した。浅川マキと寺山を結びつけたのはデビュー以来のプロデューサー寺本幸司。マキはすでに同年一月の新宿厚生年金会館の天井桟敷公演「新宿版　千一夜物語」に客演していた。ポスターデザインは宇野亜喜良だ。

寺本によれば、「蠍座」でのライブの演出・構成を寺山に依頼し、そこでマキのために歌が作られた。公演の「ひと月前、寺山から構成台本のように、十三曲の歌詞が送られてきた。浅川マキの自作曲『夜が明けたら』やアダモの『雪が降る』も歌わせたかったので、その内、『かもめ』や『ふしあわせという名の猫』『前科者のクリスマス』『山河ありき』など十曲を、山本幸三郎に曲をつけてもらうことにした」（寺本、「音楽の時間が刻むもの」／『街から』一四四号）という経緯で、初期浅川マキの代表曲が一気に生み出された。いずれもそれまでの日本の歌になかった独特の世界観で、ドラマ性を含みつつ名状しがたい抒情性を含む名曲ぞろいである。

寺山は出会った浅川マキから次のような世界を見出した。

「もし、男が女に捨てられて、それから仕事もうまくいかない、何処へも行くとこなくなって、ポケットに十円玉ひとつ、そのとき、あのこのアパートに電話したら、黙ってドアーを開けてくれる、最後に想い出す女、そんな、あのこはそんな女のような気が、だんだんにしてきた」（浅川マキ「Who's Knocking on My Door」／『現代詩手帖』一九八三年十一月「臨時増刊　寺山修司」）

寺山が詩を書いた「かもめ」「あたしが娼婦になったら」に代表される浅川マキにおける「娼婦性」は、あくまで寺山のイメージであり演出だったが、マキは無意識のうちにもそれを自分に取り込んだように思える。黒づくめの衣装もその一つで、ふだんはジーンズの上下というラフなファッションを好んだのである。その点を長谷川博一がインタビューで「身近にそういう生き方をしている女性がいたわけですか」という質問にこう答えている（『きれいな歌に会いにゆく』大栄出版）。

「いえ、一人もいないですね。うたっている私の姿を見て娼婦のイメージをダブらせたのは寺山修司さんだったかもしれません。（中略）でも私自身は娼婦という言葉をダイレクトに使ったことはありませんし、特に意識はしていないです」

そこで面白いエピソードがある。こういう話が好きなので、「上京」とは関係ないが紹介しておきたい。浅川マキと南正人の対談での発言（『ヤング・ギター』一九七四年二月号）。二人で「学校祭り」に呼ばれる云々の話題をしていた時、マキがこんな話を披瀝した。

「こないだ呼ばれて、男ばかりの学校だって言うから、行く行くって言ったのだけれども、なんで私を呼ぶのって聞いたら、ホントはストリップショーをやりたかったんだけど、学校が許可しないんで、ザセツしちゃって、マキさんになったって言うの……（爆笑）」

一九七四年なら森山良子もいたが、まさか「ストリップショー」の代わりに、と森山良子に言えるはずもない。それを許容する空気がマキにはあったということだろう。

新宿「蠍座」ライブに話を戻そう。

夜十時開演という深夜映画並みの遅さにもかかわらず三日間とも満員となった。まだ無名歌手の初コンサートとしては異例と思えるが、これがちゃんと録音されていて『浅川マキの世界』のタイトルで一九七〇年レコードになっている。レコードでは曲間に効果音（蒸気機関車、靴音とドアを開ける音、教会の鐘の音など）が加わり、寺山修司の演出が際立つ構成となった。これを聞いて驚くのは、売れなかったシングル盤やクラブ歌手時代を別にして、我々が知る浅川マキのデビューであるにもかかわらず、すでに歌唱、パフォーマンスともに完成されていることである。歌手誕生期の幼さ、危うさがまるでない。二〇一〇年の死まで、黒づくめのスタイルを含め、ずっと浅川マキは浅川マキのままだった。

この夜、客席にいたのが加藤登紀子。「所属する場所は違っていたけれど、どちらもひとりだったこともあって、音楽的なことから、舞台衣装や化粧のことまで、マキは、私の大切なアドバイザーになってくれた。お互いのステージは、必ず見にいき、その後は夜更けまで話し込む」（『ロング・グッドバイ　浅川マキの世界』所収の追悼文「反世界の表現者を全う」、初出は「中日新聞」）。一九七〇年には東京と大阪で、二人によるジョイントライブも開催された。そんな関係が途絶えたのは、加藤の結婚（藤本敏夫との獄中結婚）と出産によってだった。「家庭のにおいや、子供の気配が苦手だった彼女とはいつしか距離があいてしまった」（前同）という。

加藤登紀子は一九四三年生まれで年齢はマキの一つ下。満州からの引揚者で幼少期は京都で過ごした。中一の時、NHK勤務の父の転勤で上京してくる。東京大学卒、というのは有名だろう。彼女も最初はシャンソンを歌っていたから、出自はマキと似ている。一九六六年に「赤い風船」でデビューし同年、日本レコード大賞新人賞を受賞。一九六九年「ひとり寝の子守唄」では同賞の歌唱賞、七一年には「ＮＨＫ紅白歌合戦」にも出場を果たす。同じ歌の世界とは言え、スポットライトを浴び続ける加藤とは、結婚や出産とは別に距離ができるのは当然だろう。それでも加藤は、マキのライブに足を運び続けた。同じ時代を駆け抜けた戦友としての思いは変わらなかったからだろう。追悼文に加藤はこう書く。

「ライブの後、私は雨の中を泣きながら歩いた。それは嵐のような時代の中を生き抜こうとしている者たちの心の底をうずかせる、重くきっぱりとした反世界の歌だった」

この日、ライブがはねた後、観客はみな、加藤登紀子と同じく夜の新宿の雨に打たれただろう。

二人の「新宿の女」藤圭子

先に触れたように、同じ時代に「新宿」を背負って歌った一人に藤圭子がいる。私は浅川マキの隣にどうしても藤圭子を並べたくてしょうがない。マキが六十七歳（六十八歳目前）、藤圭子が六十二歳と、ともに六十代で唐突な死を遂げたことにも符合を感じる。当時、ずいぶん報道されたのでご承知かと思うが、藤圭子は二〇一三年八月二十二日に新宿区の路上で倒れているところを発見された。死因は住んでいた二十八階建てマンション「アトラスタワー西新宿」（西新宿六丁目）の十三階からの飛び降り自殺と断定された。黒っぽいTシャツに短パン姿だったという。私はときどき、ユーチューブにアップされた映像と音源で、藤圭子が歌う「マイウェイ」を聴く。布施明、加山雄三、尾崎紀世彦とさまざまな男性歌手がカヴァーしているスタンダードだが、その孤独な最後を思いながら藤圭子版を聴くと、妙に心にしみる。また、抜群の歌唱力の持ち主だとわかるのだ。

それぞれの出自や活動歴に違いはあれど、「新宿」という街を通してこの二人の歌姫が重なって来る。まずもって、一九六九年は藤圭子が「新宿の女」、浅川マキが「かもめ／夜が明けたら」でシングルデビューした同級生であった。「夜が明けたら」は一九六八年の「蠍座」公演でのライブ録音が使われた。ここで大下英治『悲しき歌姫《ディーヴァ》　藤圭子と宇多田ヒカルの宿痾』（イースト・プレス）を見ながら、藤圭子と新宿について触れておく。

藤圭子は岩手県一関市生まれで北海道・旭川市育ち。ドサ回りの演歌師の父と盲目に近い三味線弾きの母のもとに生まれ、姉と兄がいた。阿部純子（本名）中学三年の時、村祭りで歌っているところをスカウトされ、歌手デビューを目指し父母と三人で上京する。オーディションに三回続けて落ち、目が出ないまま流しの歌手で生活費を稼ぐ。一九六八年秋、レコード会社の人に連れられ新宿へ。ゴールデン街を抜け、厚生年金会館近くに住む東芝レコード専属作詞家・澤ノ井龍二に面会。澤ノ井はのちの石坂まさを。その才能にほれ込んだ澤ノ井は東芝を辞め、プロダクションを作り純子の売り出しに全勢力を注ぎ込む。藤圭子神話の誕生である。

デビュー曲は「新宿の女」（一九六九年九月二十二日発売）。作詞は石坂まさを、みずの稔の共作で作曲は石坂まさを。売り出しのためのフレーズは「演歌の星を背負った宿命の少女!!」。石坂と藤圭子はこの年十一月に「新宿25時間キャンペーン」を敢行している。シングルが出たのは九月だったが、売り上げに伸び悩み、マスコミに売り込むためのイベントだった。現在、「新宿の女」の歌碑がある西向天神社（新宿六丁目）で林家三平（先代）を神主代行として出陣式を行い、二十五時間、新宿を練り歩いた。そのニュースフィルムが残されていて、BSテレ東「武田鉄矢の昭和は輝いていた」で流れたのを私は見たことがある。ゴールデン街やレコード店を疲れも見せず飛び回る藤圭子の姿は痛々しくもあったが、笑みを絶やさなかったのは若さであろう。なお、「圭子の夢は夜ひらく」の歌碑も、同じ新宿の「花園神社」にある。「新宿の女」をアピールするためか、当時、藤圭子の下宿も新宿にあった由。

「新宿の女」は約七十万枚というセールスを打ち出し、「女のブルース」百万枚、「圭子の夢は夜ひらく」九十万枚とスター街道を駆けあがる。興味深いのは、このあたりまでシングル盤のジャケットの衣装は「黒」なのだ。黒く流れるような長い髪にアーモンド形の黒い瞳、黒い衣装は、北国育ちの白い顔によく似合った。ここでも浅川マキの「黒」と歩をそろえている。藤圭子はのち、黒い衣装以外の「白」その他を着るようになるが、人気は下降してゆく。大衆が藤圭子に求めたのは「黒」(五木寛之が「怨歌」と名付けた)のイメージだったのだ。

詩人の鈴木志郎康(一九三五〜二〇二二)は青春期をうろついた新宿について「新宿言葉言葉潜り」(『純粋身体』思潮社)でこんなふうに書く。

「初めて新宿に行くものは、そこに新たな新宿をまた一つ生み出すことになるのだ。新宿は新たに訪れる人々によって次々に生み出されて行くのだ。新宿は無数にある(中略)新宿は街というものではなくて、人々が欲望に突き動かされて行う行為のことなのである」

これはまことにうがった都市論であり、「新」と頭につく街の正体を突き止めてもいる。新宿は武蔵野台地の東縁に位置し、江戸時代は甲州街道の宿場町として栄えた。宿場は現在の新宿一〜二丁目あたりにあり「内藤新宿」と呼ばれた。一八八九年に甲武鉄道（現在の中央線）の新宿から八王子間が開通し、駅中心に繁華街が形成されていく。若者の街となるのは、一九五六年の歌舞伎町「新宿コマ劇場」、一九六四年の「紀伊國屋ホール」開場のあたりからか。演劇・映画・音楽のサブカルチャーが若者文化として台頭し、それらを背景としつつ一九六九年十月二十一日「国際反戦デー」の争乱で政治の季節とリンクし、鎮火していく。

一九六九年という六〇年代の幕切れ近くに、藤圭子と浅川マキが現れたのは象徴的だ。二人の「新宿の女」により、新宿という新興の都市がせりあがっていく。藤圭子はその後、歌手を引退して渡米したり、宇多田ヒカルというスターを産んだりと山あり谷ありの人生を送ったが、最後はまた新宿区に戻っていた。藤圭子も浅川マキも新宿がよく似合う。その後、新宿を背負って立つような女性は出現していない。

浅川マキの最後

浅川マキは長らく六本木交差点近くの，下に花屋のあるアパートに住んでいたという。そのあと麻布仙台下のマンションに移ってこれが最後の住所となったか。晩年……と書かなければいけないが、左目の視力を失い、右目もかなり悪くし、ものにぶつかったりすることがあったという。それでもステージでサングラスをかけた。サングラスは「浅川マキ」になるための衣装でもあった。

その最後は唐突に訪れた。「浅川マキ、桑名正博、りりィ、南正人に弔鐘は鳴る」と長い副題のついた寺本幸司『音楽プロデューサーとは何か』(毎日新聞出版)には、出会いから別れ、その後までが書かれていて、浅川マキを知るに必読の文献だ。「浅川マキの死に方」でその最後が手に取るようにわかる。マキのプロデュースからは離れていた寺本だが、重要なライブには足を運んだ。亡くなる年の前年暮れには新宿ピット・インでの恒例となった「浅川マキ・五夜連続公演」の四日目に、「ひとりの客として観たいから」と、一般客と同様にチケットを買って出かけた。

ステージに登場したマキは紅い薔薇を片手に、いつものサングラス、三十年前に着た黒いロングドレスを着ていた。ドレスに合わせて身体をしぼったのだ。「ゆっくりフロントまで出て来ると最前列の客の足もとを確認する仕草があって、いつものセリフ、『よく来たわね』の一声で、どっと歓声が上がる。昔のように『マキーっ』という声はかからないが、すぐさま舞台と客席が一体化した」。その場の空気感まで伝わってくるレポートだ。渋谷毅（ピアノ）、セシル・モンロー（ドラム）、植松孝夫（サックス）、向井滋春（トロンボーン）というセット。マキ自身のギャラが心配になるほど豪華なミュージシャンで、その点、マキはぜいたくであった。「声も出ている。低音に響きと深みがある。だから、歌のコトバが生きる。何よりも、間奏で演奏者の音を聴くときの慈しむような顔がいい」。デビュー時からぴったり伴走し、長年浅川マキを見続けた人ならではの批評だ。翌年の名古屋での公演も行くと決めて、終演後、楽屋を訪ねて寺本はマキにそう告げた。「えっ、ほんと、来てくれるの?」とマキは言った。

そして二〇一〇年一月、名古屋の老舗ジャズスポット「ジャズ・イン・ラブリー」での三日間公演の中日に寺本は名古屋入りする。満員札止めの盛況だった。もとプロデューサーとして、この公演でのマキに手渡されるだろうギャラを計算し、「これで半年近く暮らせるなあ」と考える。晩年、仕事は減り、マキは一年で二十日ほどしか歌っていなかったから経済的にはずいぶん苦労していたのだ。名古屋でのステージは「新宿ピット・インとはまるで違った。ステージのマキの立ち姿も歌そのものにも一本、縦の筋が入ったような張りがあった」という。マキは進化し続け、まだその先へ行こうとしていた。ヒット曲と紅白出演をぶら下げて、懐メロを歌い続ける歌手とはその点が違った。アンコールでは最後に「さかみち」が歌われた。「或る日／又雨が降って／わたしは坂を降りて行く／そして　部屋の前を／通り過ぎていく」。

寺本は満足して翌日、東京へ戻った。その夜、ケータイに着信があった。マキの面倒をみていた旧知の女性から「マキが死んだの」と告げられたのだった。一瞬、息が止まった。名古屋公演の最終日、浅川マキは姿を現さなかった。ホテルの浴室のバスタブで死んでいたのである。自殺ではない。死因は心不全。あと十日で六十八歳となるはずだった。誰にも看取られず息を止めた点で藤圭子とも重なる。三月に新宿ピット・インで「浅川マキがサヨナラを云う日」という告別イベントが開かれ、千二百人もの知り合いやファンが駆けつけた。一九六八年十二月、浅川マキが「蠍座」に降臨した夜も新宿は雨だった。新宿もまた泣いたのである。

その訃報をあの日、新宿の雨に濡れた人たちはどう聞いただろうか。

第四章

田中小実昌

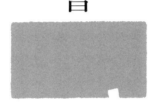

路線バスで知る東京のもう一つの顔

田中小実昌とバスの旅

田中小実昌《こみまさ》（一九二五〜二〇〇〇）を書くにあたって、まず一台のバスに乗ってみた。西武池袋線「桜台」（東京都練馬区）を降りてすぐ、千川通りに「練馬車庫前」バス停があり、ここから「白61」が終点「新宿駅西口」まで走っている。これに乗車した記述が田中のエッセイにあるのだ。

「西武池袋線の桜台駅でバスをおりる。国際興業バス160円。ちかくにバスの車庫があり、そこから新宿行のバスがでてるというので、あるきだす。（中略）ところが、このバスの車庫が練馬車庫だった。新宿西口—練馬車庫のバスなら、よく知っている。でも、新宿とは逆の練馬車庫のほうからこのバスにのるのも、やはりはじめてか」（「十年越しの東京湾ぐるり旅」／『ほのぼの路線バスの旅』）。

文章にはこの前段階として、自宅近所のバス停からバスに乗り、西武池袋線の桜台駅で降りて乗り継いだことが書かれている。田中は原稿執筆時、世田谷区東玉川から練馬区早宮へ移転していた。この文章は雑誌「旅」（一九八七年九月号）に掲載されたもので、タイトルのごとく、都内を新宿、大井町、蒲田、羽田と路線バスを乗り継ぎさらに横浜へ。最終的に久里浜からフェリーで千葉へ渡り、ふたたびバス移動を続け二泊三日で浅草へたどりつく旅行記だ。「フェリー」がなければ、テレビ東京の人気番組『ローカル路線バス乗り継ぎの旅』の先駆ともいえるバス旅である。

時短、便利が優先される現代において酔狂きわまる行為だが、じつに楽しそうだ。先に引いた文章の中で「ぼくはバスが大好きで、東京都内のバスはみんななんどものっている。だから、はじめてのバスはコドモみたいにうれしい」と書いている。実際、『バスにのって』（青土社）と『ほのぼの路線バスの旅』（中公文庫、初出は『コミさんほのぼの路線バスの旅』JTB日本交通公社出版事業局刊・一九九六）と二冊、バスに関する著作があ

田中小実昌（たなか・こみまさ／1925-2000）東京・千駄ヶ谷生まれ。その後は広島の呉市を育ち、戦後上京。

る。これ以外にも、映画の試写へ行くのにバスを使ったことは何度も文章に書かれているのだ。

鉄道好き、車好きの作家は多く、古来その手の文章については珍しくないが、これほど移動手段としての「バス」をひんぱんに使い、そのことを嬉々として書き付けた人は文学史上ほかにいないと思われる。田中小実昌と東京の関係について考える時、「バス」が大きな手掛かりになるというのが本稿の目論見だ。だから、私も田中が乗ったバスを実際に乗車してみたいと考えた。

「きょうは日曜日。ウィークデイは、毎日、映画の試写を二本も見にいくので、バスにのるのは、土曜と日曜ってことになる。べつにバスにのる必要ないし用なんかないのだが、ついバスにのっちまう。だいぶまえに、ほとんどビョーキ、という言葉がはやったけれど、ぼくなんかは、ほとんどではなく、ちゃんとしたバス病だろう」(「土、日曜はバス」/『バスにのって』)。

田中ほどではないが、私もバス好きで、タイミングを見つけては都内のバスに「必要ないし用なんかないのだが」乗ってきた。たとえば一時期ひんぱんに通っていた神保町で、ある時「荒川土手」行き(東43)を見つけ、発作的に飛び乗ったことがある。終点の停留所名があまりに不思議で、乗ったのはいいが着いたらあたりには何もない、まさしく「荒川土手」で放置され途方に暮れた覚えがある。日暮里・舎人ライナー「江北」駅が出来る前、ここは鉄道路線の空白地帯で、当時は東武大師線「大師前」駅まで歩くしかなかった。それでも、都営バス「東43」乗車のおかげで、未踏エリアだった東京に足を踏み入れることができたのである。

バスの面白さはここにある。今回、田中小実昌バス追体験をした「白61」(練馬車庫～新宿西口)だが、終点まで約一時間を要した。練馬車庫なら最寄りの「桜台」から「池袋」経由で山手線に乗れば「新宿」まで約二十分で行ける。かかる時間では比較にならない。事実、練馬車庫から私を含め乗った三人のうち、終点まで乗り続けたのは私一人だった。しかしバスは千川通りを「トキワ荘」復元で盛り上がる南長崎をかすめ、目白通りに入り目白駅前を経由し、江戸川橋で折れ、江戸川橋通りを南下後、早大通り、外苑東通りと方向を変えながら曙橋から西へ、新宿を目指して靖国通りをひた走っていく。大幅な遠回りだが、おおむね最短を目指す鉄道路線とは違う、別の「東京地図」がそこから見えてくる。しかもバスはつねに地べたに近く、車窓を遮るものがない。交差点を曲がれば局面も変わり、初めて乗るバスの場合は見えてくる風景がいちいち新鮮だと気づくだろう。

田中小実昌は日本女子大学の前で、同行した「旅」の編集者から同大学の卒業生だったことを告げられている。牛込柳町では「ニホンでいちばん公害ガスのひどいところ」だとし、ここでバスが右に曲がるのを「まっすぐ新宿にいきゃあいいのに」とボヤくのだ。また、このあたりに「本陣」という大きなラブホテルがあったことも付け加える。

都バスの平均時速は十キロ強。小まめに停車し、バス停は町名や重要なスポットにちなみ、アナウンスで「次は○○」と告げる。私が乗った日、日本女子大学の入学式で上気した花束のような清潔できれいな新大学生をたくさん見た。ちょっと得した気分であった。

出生地再訪

「広島県呉市の三条三丁目のバス停で、呉二河本通循環のバスにのった。映画を見にいこうとおもったのだ。ぼくは、もとの軍港町の呉でそだった。このバス停から三城通りをとおり、屋根瓦が段々にかさなった三津田の丘をのぼっていくと、ぼくの家がある」(「呉の『とうせんば』」／『ぼくのシネマ・グラフィティ』新潮文庫)。

田中小実昌は一九二五年生まれだから「昭和」と同い年だ。つまり三島由紀夫とも同年で、梅原猛、武田百合子、林家三平もそうだと考えると異才を生み出した年だとわかる。冒頭の文章で「軍港町の呉でそだった」とあるが、生まれは東京であった。東京府豊多摩郡千駄ケ谷町大字千駄ケ谷四九一番地が戸籍の出生地。ここに父・種助が牧師を務める東京市民教会が建っていたのだ。しかし一九二七年、もうすぐ二歳になる時、父が教会を辞し、福岡県小倉市の西南女学院シオン山教会に移る。だから小実昌に東京の記憶はない。それでも戸籍上の東京生まれという事実は、幼少期から青年期にも繰り返し確認され沁み込んだろうと思う。『ふらふら日記』（毎日新聞社、のち中公文庫）で、出生地を再訪した時のことが書かれている。

「渋谷駅から池袋行きの都バスにのり、千駄谷小学校前でおりる。ここで岡部冬彦さんと待ち合わせ、ぼくが生まれたところを、岡部さんがおしえてくださる約束だった」

なぜ、『アッちゃん』『ベビーギャング』などで知られる漫画家の岡部冬彦が出てくるかというと、市民教会に敷設する幼稚園の園児だった。園長は父・種助。田中小実昌より三歳上の岡部は「頭の禿げた園長先生（牧師である、ぼくの父）に頭の毛の薄い男の子が生まれたのを、ぼんやりおぼえているような気がするそうだ」。小実昌には出生地の記憶はなく、それが「千駄ヶ谷のどこかわからなかった」。探す努力もしたが不明で（教会そのものも移転していた）、紆余曲折を経て岡部冬彦にたどり着いた。

岡部が同行することで、一挙にそれが判明する。「ぼくひとりでさがしているときは、空まわりしてるようなぐあいだったが、岡部冬彦さんに案内してもらったら、かんたんにわかった」。それは明治通り沿い、千駄谷小学校のすぐ先の西側、「第8宮庭というマンションがたってるところに、牧師館があったそうだ」。岡部の記憶は鮮明だった。

「『あのあたりまで、幼稚園の庭でね』

岡部冬彦さんは、クルマがひっきりなしにとおる明治通りのまんなかから、いくらかむこうをゆびさした。

『こっちのほうが、幼稚園の保育室に教会、そして牧師館』」。

第8宮庭というマンションは今も明治通り沿いに建つ高級マンションだ。地価もべらぼうに高い。

「そのころは、明治通りのまんなかあたりに、代々木のほうにむいて幼稚園と教会の門があり、門をでて左のほうにいくと、広大な徳大寺公爵邸、右にいってだらだら坂をくだったあたりに岡部さんの家、もっとさきの鳩森神社のてまえに久保田二郎さんのうちの大きなお邸があったという」。

千駄ケ谷駅南側はかつて徳川家の邸が広がっていた。「鳩森神社」には「千駄ヶ谷富士塚」という人工のミニ富士が作られており、私はわざわざ出かけたことがある。鳩森神社の近くに村上春樹が経営するジャズ喫茶「ピーター・キャット」があった。

そのためにわざわざ浦和から出て来てくれた岡部のガイドで、母親から「はなしできくだけの、おはなしのなかの道」を歩く。あくまで「記憶にはない道」だが、「現実といえば、そこにあり、目に見えるもののことだろうが、目に見えない現実が、むこうから、ぼくにしのびよってくるみたいだ」という強い実感を抱くのだった。私も、こうして作家の事跡を訪ね、調べるうちに同様の思いを感じることがあった。知らないはずなのに、知っているような不思議な体験であった。

父のこと母のこと

後年「ポロポロ」「アメン父」などの作品でくわしく描かれる父・種助は、ある意味、小実昌より異色の人物だった。一九七九年に直木賞を受賞したのは「浪曲師朝日丸の話」だが、一般に田中小実昌の名を強く意識したのは、文芸雑誌「海」（一九七七年十二月号）に掲載された「ポロポロ」からで、こんな不思議な小説をそれまで読んだことがなくて驚いたのだった。すでに名前はよく知っていたが、新しく発見されたような気分だった。堀江敏幸も池内紀との対談（ユリイカ臨時増刊『総特集　田中小実昌の世界』）でその出会いを「要するに『海』という雑誌から田中小実昌に入った世代だと思うんですよ」と語っている。私もまったく同様。小実昌の父が牧師だったこともここで初めて知ることになる。

追悼号は没後約二か月で刊行

少し寄り道になるが、日本文芸史上画期となる文芸雑誌「海」についてひと言。いま、「ポロポロ」の掲載号が手元にある。目次を見ると巻頭の吉行淳之介、水上勉、色川武大と並ぶ四本柱の一つが「ポロポロ」。ほか、島尾敏雄「日の移ろい」、井伏鱒二「徴用中のこと」の連載、河村錠一郎の論考「構造的思考とは何か」などがあり、蓮實重彥インタビューによるミッシェル・フーコー「権力と知」がトリを取る布陣だ。編集長は塙嘉彦。これだけ尖った志向の文芸誌は後にも先にもない。前出の対談で堀江が小実昌を「フランスやドイツといった世界の前衛文学のなかに置いても遜色のないテイストのいわば純粋な小説作品の書き手として享受した」という発言も、「海」の中にあってこそ、だった。

自伝的要素を多分に含む「ポロポロ」によれば、「父は東京の千駄ヶ谷の組合派の教会の牧師になり、ここで、関東大震災がおこる」。「組合派の教会」というのは新島襄などが設立した日本組合基督教会の流れを汲むプロテスタント教会を指すらしい。父・種助（遵聖）は、留学先のアメリカで久布白直勝から受洗し、帰国後東京学院（現・関東学院）神学部に入学、牧師となった（新教出版社「出版通信」二〇一九年十一月号参照）。私はカトリックとプロテスタントの違いも満足に説明できないが、この出自は、「ポロポロ」の背景となる「山の中腹の木立のなかの日本家屋で、屋根にもどこにも、キリスト教会のシンボルみたいになっている十字架ひとつなく、あんなものは、キリスト教の教会のうちにはいらない」（と他の教会の信者に言われる）教会へと結びついていく。

同作には母・マサコについても触れられている。マサコは明治十二年大分県生まれで、父より六歳上。娘の時、骨髄炎の手術を二度して片足が曲がらない障害を負った。「足がわるくては、まともな家に嫁にもいけないだろうから」と案じた両親は、当時としては珍しく福岡女学院高等科へ入学させ、長崎の活水女学院、神戸女学院神学部などの学歴を得る、と「ポロポロ」にある。すべて「ミッション・スクール」であった。こうして「勉強好きな女」が種助と出会い結婚した時には、四十を超えていた。小実昌を生んだのが四十六歳。出産年齢が高齢化した現在でも、これはかなりの高齢出産だ。こうして履歴をたどると、一筋縄では語れない田中小実昌という作家は、両親の強い影響下にあることがよく分かるのだ。

福岡から呉に伝道の活動拠点を移した種助は、一九二九年（小実昌四歳）に本通九丁目のバプテスト教会に収まる。ここには十字架があった。事情はよく分からぬが、三年後の三二年八月に呉駅の北西、三津田の丘に木造家屋の教会を建てた。これが「十字架のない教会」だった。「山の中腹に、ひとつだけぽつんと高く建っていた。港町特有の家々の屋根と屋根が段々になってかさなりあった坂道の家なみをぬけると、あとは家もまばらで、やがて、畑のはしの幅五〇センチほどの一直線の細道になり、ぼくの家までは、ちいさな谷をこして、見とおしだった」と「ポロポロ」には正確に叙述されている。そして、ここで父も信者たちも「天にましますと我等の父よ……みたいな祈りの言葉は言わない」で、小説のタイトルともなった「ポロポロ」という「言葉にはならないことを、さけんだり、つぶやいたりしてる」祈祷が始まった。「ポロポロ」とは意味不明の異様な言葉だが、キリストの「使徒パウロ」に由来するらしかった。

父のなかの東京

困ったことになった。本書タイトルは「憧れの住む東京へ」なのだが、我らが田中小実昌は呉在住の青春時代、とくに東京への憧れはなかったようなのである。まあ、順に説明していく。田中は地元小学校を卒業後、県立中学の入試に失敗し、一九三八年に福岡市の私立西南学院中学部に入学、呉の親元を離れる。しかし翌年、受験に失敗した県立呉第一中学校に転校、再び呉へ。一九四二年卒業。四月に福岡高等学校文科丙類に入学。呉と福岡を行ったり来たりする。この福岡高等学校在学中の一九四四年十二月に召集され中国大陸に渡る。つまり東京からどんどん遠ざかるのだ。

山口聯隊に入営する少し前、呉の実家に戻っていた頃、父親が「東京にいってみたいなら、いっておいで、と言った。旅費をやるということだ」(「鏡の顔」／『ポロポロ』河出文庫)。これには現世での最後の見納めというニュアンスもあったろう。召集された一九四四年はマリアナ諸島のサイパンが陥落、日本の連合艦隊は無力化し敗戦の色は濃くなっていた。この時期に戦地に赴くことは、限りなく「死」が近かったはずだ。

田中はそれまで「大阪も京都も、もちろん東京もしらなかった」(「鏡の顔」)。少しでも東京への憧れがあれば、父親の厚意に甘えたはずだが、口から出たのは「今どき、東京にいったって、しょうがない」という言葉だった。空襲は怖くなかったが、「食べる物のことを心配しなくちゃいけないのが、ただめんどくさかった」というのがその理由だった。「めんどくさかった」という理由が、いかにも田中小実昌らしい。

むしろ、東京へ憧れを持ち続けたのは父・種助の方だったかもしれない。種助は静岡県の出身だが、若くして東京市民教会の牧師となる。「鏡の顔」によれば、すでに三十年も呉の教会にいながら「今でも、列車が東京をはなれるときは、なんだかさみしくてね、なんて父は言っていた」。東京が好きだった。話す時も静岡弁が出ず、東京の言葉だった。いわば自分の身代わりとして、息子に東京を見ておいてほしかったのだと思われる。種助が見た東京は一九二一年から二六年、大正から昭和へと都市文化の華が開いた時代だった。種助にとって「憧れの住む東京」ではなかったか。

東京を知らない（出生時には記憶がない）田中小実昌は、一九四四年十二月、九州の博多港から軍用船で朝鮮へ渡り、鉄道で南満州に到着、ここで翌年の正月を迎えた。戦役については小説集『ポロポロ』の各編でくわしく描かれているが、ここでは踏み込まない。ただ、容易に想像のつくことだが、徹底してダメな劣等兵だった。

「ぼくは、おおよそ、兵隊には不向きな男で、不向きだが努力するということもなく、中隊長にも、おまえは国軍の兵隊ではない。苦力にもおとる、と叱られたりしたが、中隊長も腹が立つというより、あきれはてていたようだった」（「魚撃ち」／『ポロポロ』）。

もともと「ぼくはひとと競争して勝とうという気が、ほとんどない」男で、「兵隊のときは、ほとんどドンジリのドンジリだった」（『なまけ者』の価値ある生涯」／『田中小実昌エッセイ・コレクション6　自伝』ちくま文庫）と自覚があったから、こんな男まで戦争に駆り出されなければならなくなった時点で、すでに敗戦は決まったようなものだ。もちろん、機銃掃射を受けたり、長い死の行軍で戦友を失ったり、重いアメーバ赤痢を罹患するなど過酷な体験はあった。しかし、敵の魚雷で沈められた軍艦から海へ放り出されることも、激しい銃撃戦に巻き込まれることもなかった。ついに「敵兵を見たことはない」(「岩塩の袋」/『ポロポロ』)兵士は生きながらえ、敗戦後に捕虜となり、一九四六年七月、病院船「氷川丸」で神奈川県久里浜へ復員。再び、日本の地を踏んだ。おかえりなさいコミさん、と敗戦を祝福したい気分だ。

小津安二郎監督の松竹映画『秋刀魚の味』の中で、戦時中に同じ艦に勤務した上官と兵卒が、戦後の東京でばったり再会し酒を酌み交わすシーンがある。もと艦長・平山を笠智衆、部下・坂本を加東大介が扮する。坂本が、「もし日本が勝っていたら」と問いかける。すると平山は「負けてよかったじゃないか」と一言返す。これに対し「軍艦マーチ」が好きな坂本は「そうかもしれねえな」と悟ったように納得するのだ。戦争の本質を突いて、忘れがたい名場面だ。

復員して家族の待つ呉に戻った時、思いがけない運命が待ち受けていた。そこで父・種助から聞かされたのは、自分が東京大学文学部哲学科に入学していたことだった。まだ在学中で籍のあったはずの福岡高等学校は戦時下の特例で繰り上げ卒業となっていた。こうして自分では願書を出したことも、受験したことも覚えのない東大生が誕生した。現在の熾烈な受験競争から考えると、無試験による東京大学入学はありえないと思われるだろうが、当時の受験システムによれば旧制高校こそ難関。これに合格しておれば、法学部や医学部を除けばそのまま大学に進学することができた。田中小実昌と同年生まれの科学者・江崎玲於奈も旧制三高から無試験で東京大学理学部へ進学している。

体力が回復せず田中はその年を休学し、翌年四月に復学した。一九四七年、とうとう戦後東京が近づいてきた。敗戦都市・東京は米国を主力とする連合国の占領下にあった。

渋谷で始まった翻訳業

一九四七年四月、田中小実昌は一年休学した東京大学文学部哲学科へ復学した。上京の様子について書いた文章は見当たらない。高揚なき上京であったか。昭和に直せば二十二年四月の東京は占領下にあり、まだ焼け跡の残る荒廃した都市で復興は遠い。配給制の食料は遅配続きでヤミに頼らざるをえない。とにかく食べていくことが最優先だった。東京大学へは、「二時間ぐらいしか行ってない」と吉行淳之介との対談（ユリイカ臨時増刊『総特集　田中小実昌の世界』）で明かしている。それに対し、吉行は「まあ大学っていうのは、そんなとこだけどね」と同調するのだ。食料と同じく住居も欠乏し、田中はしばらく福岡高校時代の先輩（岩田）の部屋へ身を寄せた。

「岩田さんは、杉並区のそのころの松庵北町の福岡県の学生寮浩々居にいた。ぼくはそこに居候でころがりこみ、金があれば酒を飲んでたのだ」（『バスにのって』青土社）。「松庵」は中央線「西荻窪」駅南側に広がる町で、かって五日市街道を挟んで「北町」「南町」に分かれていた。「松庵北町」は現在の松庵三丁目に当たる。西荻窪駅からは近い。

最初に就いた仕事は軽演劇「東京フォリーズ」の舞台雑用係。渋谷の東急百貨店東横店四階にあった。同デパートは二〇二〇年三月末に営業を終了。八十五年の歴史を持つターミナル型百貨店の草分けで、渋谷を代表する顔の一つだった。渋谷は太平洋戦争末期、昭和二十年の五月、東京大空襲の災禍に遭った。それまでにも空襲はあったが、この時が最大規模で渋谷区の八割近い地区が焼かれて瓦礫の街と化した。「復興のきざしが見えたのは、昭和26年頃に長期間休業状態が続いていた東横百貨店が再建されたあたりからで、その3年後には東急会館（今の東急東横店西館）が建設された」（ブルーガイド編集部・編『東京懐かしの昭和30年代散歩地図』

実業之日本社)。そんな戦後渋谷復興の象徴ともなる百貨店に入っていた「東京フォリーズ」は要するにストリップ小屋で、芝居の上演もあったのは新宿「ムーラン・ルージュ」の系統だったからだ。二十二歳の田中は「出番の踊り子を呼びにいったり、踊り子の靴や衣裳を、電車にのってとりにいったりした」(「男と寝ない〝踊り子〟」/『あぁ人生ストリップ』サンケイ新聞社出版局)。こんなことを書いても無駄かもしれないが、東京大学在籍という学歴とのギャップがすごい。期待をかけて息子を東京大学へ入れた牧師の父親は、このことを知っていただろうか。しかし、田中より九歳下の井上ひさしも上智大学在学中に浅草のストリップ劇場「フランス座」で軽演劇の台本を書いていた。誰もかれも食べることに必死で、食べることが生きることだった。日々を生きることは世俗の格差を優先する。

田中小実昌が出版界でまず名を知られたのは翻訳家として。翻訳業は小説、エッセイとともに田中のその後の経済を支える両輪となるが、その事始めも渋谷「東京フォリーズ」にあった。自伝エッセイ『いろはにぽえむ　ぼくのマジメ半生記』(TBSブリタニカ)にくわしいが、劇場に在籍しながら「みょうなアルバイトがはじまった」。アメリカの占領下、映画、演劇、ラジオなどすべての娯楽台本は、事前にGHQへ提出し検閲を受け、許可されることが必要だった。

もちろん英文による。ストリップ劇場の添え物となる芝居にも検閲が入った。当初は英語のできる興行会社の上役がやっていたが、忙しくて手が回らない。雑用の小実昌がこれを受け取りに行くが「むだ足でかえってきたりした」。そこで、「ぼくが自分で翻訳してみましょうか」と興行会社の担当に申し出た。「台本はセリフがおもで、むつかしい文章もなく、なんとか翻訳できる」と軽い気持ちで始めたが天分もあったのだろう、「ホイホイ台本の翻訳をつづけ、わが東京フォリーズだけでなく、便利がられて、空気座や、ほかの軽演劇の小屋の台本の翻訳もやった」。ミステリの翻訳家は、こうして百戦錬磨の実用主義から生まれた。当時、劇場の月給が五百円から七百円にあがった頃だったが、台本の翻訳は一本につき千円もらったという。小実昌が劇団に入った昭和二十二年、公務員初任給は五百四十円で、翌年に二千三百円となる。いかに翻訳のアルバイトが割のいい収入だったかがわかる。

日本の中のアメリカ、米軍基地へ

一九五六年に創刊された「ＥＱＭＭ（エラリイ・クイーンズ・ミステリ・マガジン）」で探偵小説

の翻訳を手掛けるようになる。上京した一九四七年からこの五六年まで、田中の仕事も住居も落ち着かず迷走を極める。大きかったのは駐留軍の勤務だ。米軍通信師団の将校クラブでバーテンの仕事に就いたのを手始めに、兵隊食堂、将校クラブの雑役、横田基地の爆弾運搬、横浜港の米軍貨物検数員と日本の中のアメリカで多くの時間を過ごした。米兵の読み捨てた兵隊文庫（無料給付されたペイパーバック）にもありついただろうし、何よりスラング混じりの生きた英語が飛び交っていた。米軍基地の化学研究所に勤める男の朝から晩までの丸一日に託して、日常を細密画のように描いたのが『自動巻時計の一日』（河出文庫）。

米軍横田基地の周辺では現在も日常的なアメリカ文化を体感できる

ほか、基地での生活についてはエッセイなどで書いている。「おれ」は勤務の合間の時間を盗んで、せっせとアメリカの小説の翻訳にいそしむ。田中本人をほぼ投影しているとみて間違いないだろう。

池内紀は堀江敏幸との対談（ユリイカ臨時増刊『総特集　田中小実昌の世界』）で、ストリップ劇場と米軍基地を「あの頃の落ちこぼれでなくてエリート職場なんですよ」と発言。その理由を「進駐軍ではジャズが自由に聴けたでしょう。で、酒があり、本があり、映画があり……。（中略）女性があり、すべてがあったわけです」としている。田中の大先輩となる『三四郎』（夏目漱石の一九〇八年「朝日新聞」連載長編の主人公）が、九州の田舎から上京し、東京帝国大学に真面目に通うが、「動く東京のまん中に閉じ込められて、一人でふさぎこんで」しまうのとは逆だ。

友人宅への居候、香具師《やし》（易者）として全国放浪など、東京での田中は一所不住の身であったが、年譜に認められる最初の定住地は一九五〇年九月の青梅線「牛浜」だった。のち夫人となる野見山淑子と部屋を借りて同棲を始めた。「女のコの部屋が終着駅」（『また一日』文化出版局）によると、一年も続いた北陸への香具師の旅から帰った田中が転がり込んだのは「ある女のコのところ」。田中が福生の横田基地に勤め始めたため、「女のコ」が近くの牛浜に家を見つけて住むようになった。つまり「女のコ」とは野見山淑子である。

「牛浜」は青梅線の「拝島」と「福生」の間にある。東京人でもあまり知らない駅だろう。現在でも福生市東部を大きく占める横田基地へ五百メートルぐらいの近さにあった。「牛浜」は青梅線で「拝島」から最初の駅。駅から五百メートルほど東へ行くと米軍横田基地があり、第五ゲートの最寄り駅である。一九四〇年に日本陸軍の多摩飛行場（現・横田基地）がこの地にできたことで周辺に軍施設が増え始める。その需要に応えて、軍の下命により青梅線に新設されたのが「牛浜」駅だった。当初は軍関係者専用の停留所で、木造平屋の小さな駅舎だった。古い写真（一九六〇年撮影）を見ると、駅名表示は「牛濱驛」と旧字体で、その下に「USHIHAMA STATION」と英文の並列表記にな

JR青梅線・牛浜駅。現在は四代目の駅舎に建て変わっている。

っている。田中と淑子が利用したのはこの鄙びた小屋のような駅だった。周辺には桑畑が広がっていた。某日、感じをつかむために「牛浜」駅で下車し、横田基地まで歩いてみたが、田中がいた頃からは七十年が経過している。どのあたりに家があったかも特定できなかった。しかし、田中がかつて歩いた道をたどることで得た体感を大事にしたい。

この「牛浜」の家を、淑子夫人の兄・画家の野見山暁治が訪ねている。

「東横線を渋谷でおりて井の頭線にのって吉祥寺へ行って、それからまた中央線に乗り換えるのだ。こんな遠いところまで尋ねて行って、まだ起きてるだろうか、もう深夜のような気分になってきた。暗いなかを歩いて、めざす百姓家をようやく突きとめた。百姓家といっても、部屋を小さく区切ったり建増したりして、殆どがオンリーたちの棲家だった。襖をあけると狭い畳のうえにコミちゃんと妹がいた」(『四百字のデッサン』河出文庫)。「オンリー」とは米兵専属の娼婦を指す。松本清張『ゼロの焦点』も新婚早々に出張先(金沢)で失踪した夫を探す妻が、戦後まもなく立川署の風紀係として基地周辺の娼婦を取り締まる風紀係をしていた過去を知るという設定だ。立川にも米軍基地があった。基地に依存して生きる日本人が大勢、周辺に住み着いていたことがわかる。

しかし義兄が洋画家、という点は助かった。つまり、サラリーマンなど一般職とは住む世界が違うという点で同種であった。『四百字のデッサン』によれば野見山と田中の初顔合わせは、妹からの使いということで目の前に現れた「頭の禿げかかった丸っこい顔に、ランニング・シャツ、うすい毛糸の腹巻き、よれよれのショート・パンツ」に草履という「どこから見ても信用のおけない」姿だった。仕事は「大道易者」なのだからますますうさんくさい。ところが野見山は「コミちゃん」が気に入ってしまうのである。

義兄・野見山暁治宅に居候

このあと、野見山暁治の家（世田谷区東玉川）へ移転。住所は世田谷区東玉川二丁目一七—四〇。一九五二年五月に横田基地を解雇された田中は、野見山の家に身を寄せる。野見山はちょうど渡仏するところだった。空いた家の留守番をするかたちで田中が一家で牛浜から移り住む。のち野見山は帰国し、アトリエを二階に置く家に建て替える。新しい家でもそのまま田中夫妻はやっかいになった。野見山はその後、練馬へ引っ越すが、東玉川の家は田中のために残した。

いわば、乗っ取ったような具合で一九八六年に練馬区へ新築の居を構えるまで東玉川に住み続けたのである。驚くべきことに東玉川の次に住んだ練馬区早宮の家は、この練馬の野見山邸の隣りの土地に建てたのだった。まるで住宅ストーカーである。

小説集『香具師の旅』（河出文庫）所収の「鮟鱇の足」「味噌汁に砂糖」は、この義兄宅に同居していた頃の話（フィクションが混ざっていると思われるが）。「味噌汁に砂糖」では、妻の英子に「今夜、ちょっと、どうだ」とセックスを持ち掛けるのが出だし。「いやだ」と英子は断る。同じ屋根の下にいる「義兄夫婦に遠慮して、おれはちいさな声をだしているのに、英子はふつうの声で言う」などと同居の悲哀を書いている。

野見山もまた、福岡の炭鉱町（現・飯塚市）からの上京者であった。

「少しでも東京に近づきたいと思った。あんなにもひとつの街を憧れるということは、若さだろうか。いろんな状況がごっちゃになって、若さに働きかけたという他はない。なんとしてもそのときは東京に行きたかった」と『空のかたち　野見山暁治美術ノート』（筑摩書房）に書いている。

田中がバス好きになるのは、どうやらこの東玉川時代らしい。東玉川は「世田谷の南のはしで、大田区と目黒区のあいだに細長くはいりこんでいる。ぼくの家は東横線の田園調布駅と池上線の雪が谷大塚駅のちょうどまんなかあたりにあった。どちらの駅へも、あるいて十分ばかり」(「あのあたり」／『東京セレクション「花の巻」』住まいの図書館出版局)。たしかに、環八を挟んで東玉川は田園調布と隣り合っている町だ。私がいささかこの東玉川に土地鑑があるのは、田中家と目と鼻の先に、演出家で作家の久世光彦邸があり、取材で訪れているからだ。久世光彦の死後、思わぬことから夫人の朋子さんとお近づきとなり、その後も久世邸へ遊びに行っている。その際、朋子さんに「この近くに田中小実昌が……」と言うと、「ああ、すぐ近くよ。コミさんも何度か見かけたわ」とのことであった。

東玉川に移り住んだ当初はお金がなく(銀行で金を借りようとしたが低収入のため断られている)、移動はもっぱら自転車を使い浅草まで映画を見に行くこともあった。それがある時、近くを流れる多摩川へ散歩し、丸子橋で対岸へ渡ったところ、そこはもう神奈川県で目の前にバスが来た。それで横浜まで行った。帰りもバスを乗り継ぎ家まで帰ったと「ふるさとの山はかわってた」(『ほのぼの路線バスの旅』)に書いている。これが「さいしょにバスにのったのはもう二十年もまえのことだ」というバス体験だ。この原稿が雑誌「旅」に掲載されたのが一九九五年三月号。となると一九七〇年代半ばのことか。バスへの偏愛がこの頃から始まった。東京都電は地下鉄の普及とモータリゼーションの波で利用者を減らし、一九七二年に現在の荒川線を残して全面撤去となる。バスという都民の身近な足が、都電廃止により急に重要度が増してきた。旧都電の路線を走るバスも多い。田中はそれまで普通に都電も利用していたが、思わぬところへ運ばれるバス体験で病みつきとなる。もっぱらバス派を自認し、新しい東京地図を自分の中に作っていくのだ。

行き先はバスが決めてくれる

七月下旬の空気の中、私は都営バス最長区間と言われる「梅70」を完乗した。西武新宿線「花小金井駅」前から青梅街道を西進し、終点は「青梅車庫」。全長約二十八キロ、所要時間はこの日二時間弱。停留所数は八十一という規格外の都営バスだ。青梅に何か用事があったわけではない。ただバスの席に身をあずけて、車窓を眺める行為をよしとしたのだ。本連載で田中小実昌とつきあってきて、いわばその「バス熱」が乗り移った形であろうか。

田中がバスを好きになるのは先述の通り、一九五二年に住み始めた世田谷区東玉川時代から。最初は鉄道も利用し、自転車にも乗っていた。なにごとにも集中するとそれ一辺倒になるのか、「バス熱」以前の「自転車熱」も相当なものだ。「土、日曜はバス」（『バスにのって』青土社）によれば「東京じゅうを自転車にのってまわった。千葉県の柏にいた川上宗薫の家に自転車でいったこともある」というから過激である（まだポルノ小説で流行作家となる前の川上宗薫で、なんと少女小説を書いていた）。しかし、世田谷区の西のはずれから、千葉県柏市までというのは尋常な距離ではない。大雑把に計算して約四十六キロ、四時間はかかる行程だ。現在は青梅市に編入された旧北小曽木村へも自転車で。「四時間ぐらいかかった」と同じ文章に書いている。川上が秋元書房などで少女小説を量産していたのはおもに一九六〇年代。田中は三十代半ばから四十代へさしかかるあたりで、まだ若かった。しかし、自転車を漕ぎながら見た東京についてはあまり原稿にしていない。やはりバスなのだ。

自転車からバスに交通手段を乗り換えたのは、持病である糖尿病のためである。「糖尿病で両足ともにしびれるまえは、自転車にのっていた」（「土、日曜はバス」）という。私もすでに三十年以上持病として付き合っているから詳しいが、合併症の一つとして血流障害から来る足のしびれがある。重症化すると足を切断することにもなる。足のしびれは危険な兆候である。田中がバス利用をする大きな目的の中に、都心での試写を見ることと糖尿病治療のための通院もあった。

田中は朝と夜、食前にインシュリン注射を自分で打っていた。「注射をうちながら、毎日、飲んでるわけで、よほど、注射で体内にいれるインシュリンがぼくのからだにあってるのだろう」(「病院にいかなきゃ」/『バスにのって』)と病気への深刻さは感じられない。事実、疲れやすかったり、やたらに喉が渇くなどの症状以外、ふだんの生活にはまったく支障がない。月一回、診療を受け、処方箋をもらい薬およびインシュリン注射を薬局でもらう。通院していたのは新宿区戸山にある国立国際医療研究センターだった。

「医療センター……元の国立第一病院、もっとまえは東京第一陸軍病院……にいったので、病院の前から新橋行のバスにのる。/昼間は、ぼくは映画を見るか、バスにのって遊んでることがおおい。そんなわけでぼくはいくらかバスにくわしいのだが、この下田橋―新橋のバスはいいバスだ。若松町、新潮社や神楽坂のそばの牛込北町の角を右にまがり、納戸町、市ヶ谷にでて、麹町をぬけ、国会議事堂のよこをはしり、霞ヶ関の官庁街から新橋にいく。国会議事堂は大イモ建築だけど、あのあたりの並木の落葉はいい」（『ガード下の映画館』／『ぼくのシネマ・グラフィティ』新潮文庫）。

新橋駅前と下田橋（中野区松が丘）を結ぶ路線は現在廃止され、「橋63」系統が新橋駅前と小滝橋車庫をつないでいる。田中が挙げる町名をたどると、大久保通りを東へ、途中牛込中央通りを南下していく。一部が都営大江戸線と重なるにしても、地下鉄とは違い、自在に東京地図を縦横に縫って走ることに気づく。しかも地下鉄車内からでは地上の景色は見えない（銀座線、丸ノ内線の一部以外）。都市東京の新旧にわたる様々な局面を、バスはパノラマのように見せてくれるのだ。「あのあたりの並木の落葉はいい」というフレーズが泣かせるではないか。

田中がバスを実用としてだけではなく「バスにのって遊んでる」使い方をしたのが面白い。私などはそこに感化されてバスに乗るようになった。人との待ち合わせや取材など、時間厳守の時にバスは使えない。ゆったりとした心の余裕が絶対に必要だ。その「余裕」の目が、ふだん気づかない東京を気づかせてくれることもある。

「東京乗合自動車」（『コミさんの二日酔いノート』ＰＨＰ研究所）にこんな文章がある。田中が新宿駅西口からバスに乗ろうとすると後ろから知り合いに声をかけられた。「どこにいくの？」

と聞かれたが「どこ行きのバスかもわからずに、のった」のだ。返答に困り、仕方なく口から出たのが「バスにのって……遊んでるんだよ」。すると「こんどは、バスの運転手さんが、ぼくの顔を見た」。遊びでバスに乗る客など初めて見たのだろう。この時乗ったのが新宿西口から野方行きのバス。「バスにのってると、電車や地下鉄とちがい、理髪店の赤白青のねじねじ棒も、そのとなりの食料品屋の店さきのヒマそうな籠のオウムも、身近に親しく感じる」と書く。鈍いスピード、町の軒先をかすめるように移動するバスからの車窓は、田中に新しい東京の風景を発見させる。窓を開ければ、町の匂いさえ飛び込んでくる。これは山手線や地下鉄が取り逃がしてしまう東京だった。

バスの中での読書が、もっぱら岩波文庫の哲学・思想というのも変わっている。カントやベルグソンは、机に向かって集中して読んでも私などにはさっぱり理解できないが、バスという空間や移動するリズムが、哲学するのに向いていたのか。田中小実昌の謎の一つである。ただ、吉田健一とはまた別の、くねくねと対象のまわりを巡りながら近づいていく文体は、生硬かつ難解な哲学書の和訳文体の影響があるかもしれない。堀江敏幸もそう指摘していた気がする。

映画館のある都市・東京

「月曜日から金曜日までは、ほとんど毎日映画を見にいき、かえってきたら、寝ころがって本を読み、酒を飲みだす。そんなふうなので、なにかを書くのは、土曜と日曜ぐらいで、ぼくもとうとう日曜作家になった」と書いた『ぼくのシネマ・グラフィティ』は「小説新潮」(一九七九年一月号〜八三年三月号)に連載され、新潮社から単行本が出たのち新潮文庫になった。イラストは安西水丸。それ以前にもさまざまな媒体で映画エッセイは書き継がれ、『コミマサ・シネノート』(一九七八)と『コミマサ・ロードショー』(一九八〇)と両書ともに晶文社から刊行されている(このほか『コミマサ・シネマ・ツアー』早川書房)。『ぼくのシネマ・グラフィティ』に顕著なのは、単に映画を見た感想を書くだけではなく、どういう交通機関で映画館へ行ったか、どんな弁当を買ったかなど周辺情報が書きつけられていることだ。著者の動きがよく見えて、このスタイルの方が合っているし読者も楽しい。

それにしても本当によくぞ毎日、出かけていって映画館で映画を見ている。まるで映画鑑賞が職業みたいだ(それについて書くのは職業だけれど)。サンディエゴ、サンフランシスコ、アテネ、パリなどでも観光など見向きもせず、せっせと映画館の席に身を潜め、酒場で杯を上げている。一日に数本見ることもあり、田中には似合わぬ「勤勉」の言葉が思い浮かぶ。

以下、『ぼくのシネマ・グラフィティ』一冊に絞って話を進めるが、この原稿を書いていた一九七九年から八〇年代初頭にかけて、東京には各地、どの町にもいたるところに映画館があった事実を再確認することになる。田中の表記をそのままに少し拾っておくと、蒲田「テアトルカマタ」「カマタ宝塚」「蒲田にっかつ」、新橋「新橋文化」、鵜ノ木「安楽座」、自由が丘「武蔵野推理劇場」、大塚「大塚名画座」、堀切「堀切文映」、有楽町「並木座」、池袋「文芸地下」「日勝文化」、三鷹「三鷹オスカー」、新橋「新橋文化」、千石「三百人劇場」、中野「ひかり座」などなど、これはほんの一部。浅草ではかつての六区・興行街のにぎわいをたっぷり回想している（「松竹直営天ぷらソバ」）。

映画館の名前を並べてすぐ気がつくのは、現在、ほとんどが閉館しているという事実だ。一九九〇年の遅い上京組の私が知るのは、このうち「並木座」と「文芸地下」ぐらい。東玉川の家からわりあい近いせいか、田中は蒲田でよく映画を見ているが、西蒲田の東京蒲田文化会館内にあった「蒲田宝塚」と「テアトル蒲田」が二〇一九年夏の一週間ほどで相次いで閉館した。

蒲田にはかつて「蒲田キネマ」「蒲田パレス座」もあったようで、かつて松竹撮影所のあった「キネマの天地」と呼ばれた映画の聖地だが今や見る影もない。

映画産業がピークだった一九六〇年代後半、全国に約七千軒あった映画館も一九九三年には約一千七百軒と四分の一まで減少した。その後も閉館はドミノ倒しのように続き、スクリーン数を増やし予約制にしたシネコンが主流となる。清潔な館内（とくにトイレ）、座り心地のいい椅子、高画質に大音量と、見違えるように映画鑑賞のスタイルを変えたシネコンを、田中が生きていたらどんな感想を持ったであろうか。家から一番近い映画館として登場する自由が丘「武蔵野推理劇場」。「昔は、自分の町内にたいてい場末の映画館があったけど、町内の映画館というのが、今ではなくなった、と淋しがるひとがおおい」と、一九七九年において、すでに映画館の減少を指摘している。どこへ入っても似たりよったりのシネコンと違い、街の映画館は一館ごとに個性的でそれぞれに顔があった。どこで何を見たかという体験が濃厚で記憶にも残りやすい。それが街の記憶にもつながるのだ。

現在は失われた映画体験の一つとして印象的なのは「ガード下の映画館」。

「新橋では、上を国電がはしってるガード下の（中略）烏森口のほうにある『新橋文化』にはいった。ここはガード下に、他に『新橋日活ロマン』と『新橋第三劇場』と三ケ映画館がならんでいる。／『新橋文化』は洋画の二本立で、料金は500円。頭の上を国電の電車がとおるたびに、ゴトゴト、音がするけど、これはしようがない」

この三軒も今はなく、現在「新橋」と「映画館」で検索して引っかかってくるのが、新橋駅近くの「TCC試写室」。ここで定期的に「土橋名画座」と銘打ち、一般客を入れているようだ。ふだんは「試写室」として使われ、雑誌編集者時代の私もよく通ったが、古いビルの地下にある不思議な空間で、「国電がはしっているガード下」と言えなくもない。しかし、電車が通る音は聞こえなかったように思う。佐藤忠男、田山力哉、川本三郎などの映画人と同じ空間で映画を見た。

「映画は渋谷で」は、田中と渋谷と映画館の関係がたっぷり語られる。田中が当時住む東玉川から、新宿へ行くにも渋谷を通る。「だから、いつも、渋谷に映画を見にいった」と言う。「渋谷全線座」には一時、毎週のように通った。洋画二本立てで料金も安い。

「この映画館の裏側はどぶ川で、川と国鉄の線路とのあいだには、ほそ長い飲屋の列がある。ここの『鶴八』などでも、よく飲んだ。『鶴八』は、真夏でもオデンがあるが、このオデンがおいしい（鶴八もなくなった）。国鉄の線路がとおってる土手のそばで、春になるとこの土手のすぐそばに土筆がたくさんはえた」

現在、大規模再開発が進行中の渋谷を思うと隔世の感がある。田中の文章がメルヘンみたいに読めるのだ。繰り返すが、かつての映画館は町の記憶と強く結びついていた。復員後、東大に籍を置きながら働いたのが前述の「東京フォリーズ」。東急百貨店東横店（今はない）の四階にあったが、「映画は渋谷で」には、「ここの三階には、ベニヤ板で仕切った映画館（？）が三軒あった」と、戦後の混乱期ならではの話が出てくる。「映画館」に（？）がついているのも当然で、「ものすごい混みかたで、おしあいへしあい、ついに、仕切りのベニヤ板がめりめりっとたおれ、となりの映画館（？）の画面が見えたりした」と信じがたいようなエピソードだが、楽しそうだとも思う。

映画館はバスに乗って

東玉川時代、映画館へ行くのにもよくバスを使った。『ぼくのシネマ・グラフィティ』には、どのバスに乗って、どのルートを使ったかがくわしく記される。バスに乗る楽しさが伝わってくるのだ。大森の「大森エイトン映画館」へは蒲田駅からバスに乗り、帰りは大森駅から渋谷行きの東急バスに乗る。「このバスは、ぼくの家のすぐ近くをとおる。だから、おなじみのバスなのだが、本門寺のある池上から第二京浜をこすあたりまで、あたらしい路線になっていて、きょろきょろ、うれしかった」。私も初めてのバス路線に乗車するときは、なるべく一番後ろの席に座り、一段高いところから「きょろきょろ」車窓の景色を楽しむ。まるで子どもだ。

田中はその翌日、「大森からのかえりにおりたバス停からバスにのり、奥沢で、目蒲線の電車にのりかえる。目黒からは、東京駅八重洲口行のバスにのり、東京タワーでおり」ている。東京タワーに映画館などあるのか。これは鈴木清順『ツィゴイネルワイゼン』がドーム型の特設テントで上映する方式を取った時のことだ。

「三軒茶屋東映」へは「田園調布駅の噴水がでてるほうから、渋谷行の東急バスにのり（全線90円）」向かっている。自宅の東玉川から田園調布駅は歩いていける距離。「噴水」のあるのは、田園調布駅の西口、放射路の延びる日本屈指の高級住宅地のある方だ。現在でも駅前から渋谷駅へ「渋11」という東急バスが走っている。運賃は二百二十円。田中は「三軒茶屋東映」

で『ソイレント・グリーン』『魚が出てきた日』『博士の異常な愛情』という濃い三本立てを見ている。田中はこの時、五十代半ばだが元気である。

映画を見終わった後、「ここだけ玉電がのこった世田谷線三軒茶屋駅のよこをはいった路地の『仲本』で焼酎を飲み、三軒茶屋をハシゴ」している。三軒茶屋周辺も、一九六四年の東京オリンピック開催を契機に再開発が進み変貌を遂げた。かつて「玉電」は三軒茶屋交差点で玉川線と下高井戸線に分岐するスポットであった。一九六二年に「玉川通り」が拡張され、一九七一年には「首都高3号」が頭上を蓋する。七七年は東急玉川線が地下にもぐった年。おそらく「駅のよこをはいった路地の『仲本』も、もう姿を消しただろう。しかし、田中は昔を懐かしがったり、ことさら街の変貌に憤るようなことはない。もちろん、昔はこんなふうだったという文章はある。しかし湿り気は少なく、事実としてそうだったというクールな記述が目立つのだ。

そこでさらに田中と東京という街のかかわりを考える時、アイテム数がひどく少ないことにも気づく。極言すれば「映画館」と「酒場」の二つで、ほかのものがほとんど出てこない。そんなこと、勝手じゃないかと言われそうだが、いびつと言えばいびつな東京なのだ。

関西の情報誌「プレイガイドジャーナル」による青春街路図シリーズの東京編は『東京青春街図 The Groovies CATALOGUE』（有文社・一九七五）で、若者が街歩きするための情報を、イラスト、地図などを多用しガイドしている。その項目は「喫茶店」「たべものや」「小物」「コットン」「本屋」「画材・文具」「画廊」「レコード・ショップ」「劇場」「映画館」「プレイガイド」「公園と遊び場」「ゾーン」となっている。あくまで若者向けではあるものの、田中が関心を持ちそうなのは「たべものや」と「映画館」ぐらいか。考えたら、「喫茶店」や「本屋（古本屋）」に入ったという記述は驚くほど少ない。

映画とミステリと街歩きという点では田中と趣味の重なる植草甚一（一九〇八〜七九）と比べてみればよくわかる（糖尿病だったのも同じ）。植草の場合、先の『東京青春街図』で分類された項目のほとんどが守備範囲にあった。古本屋はもちろんのこと、レコード・ショップ、小物（古道具）、画材・文具なども好きでエッセイによく登場する。買い物するのが好きなのだ。植草は世田谷区経堂の住人で、都心へ向かうのによくバスを利用しているところも田中と似ている。

「昨年の九月中旬からずうっと続けている毎日のブラつきかたであるが、出かけるたびに目指す方向が以前とすっかり変わってきた。以前はもっぱら古本屋歩きだったのだが、ある事情で女の子しか入らないブティックのぞきになったのであって、ときどき自分でも薄気味わるくなってくる。／いまもペンダントを二つとジョーゼットのスカーフを一枚買ってきて、それを見ながらこの原稿を書きだしたところだが、ぼくは何かしら買って帰らないと原稿が書けない癖がついた」（「ブティックをのぞく一人の男」）

「よく晴れた十一月中旬のウィークデー。午後一時すぎに小田急で新宿西口に出ると、足はひとりでに京王デパートをはいった左のほう、狭くて休憩所みたいな感じのする喫茶店へむかっていく。きょうはレコードを二枚か三枚、本を四冊か五冊、それからデザインのいい外国の郵便切手があったら、それもすこしは買えるだろう。そう考えると、なんだか張り合いが出てくるのだが、喫茶店のテーブルはあいていなかった」（「新宿・ジャズ・若者」）

どちらも植草甚一スクラップブックの『ぼくの東京案内』（晶文社）に収録された文章で、前者が一九七四年、後者が一九七〇年の発表。同じ本に収録された「経堂から新宿への繁華街を歩くとき」（一九六九年初出）では、新宿や渋谷の街歩きがくわしく書かれているが、同じ時代、同じ街を歩いても田中小実昌とはこうも違うかと驚いてしまう。田中が女の子のブティックに入って、ペンダントやスカーフを買う姿は想像できないではないか（これは植草が特別で、私だってしない）。

田中小実昌と植草甚一の比較、というのはかなりいい線だと思ったが、じつはかなり違うことがよく分かった。川本三郎は田中について「作家になる前はカーター・ブラウンの翻訳家だったから、植草甚一さん風の趣味人かと思っていたら、まったく違った」と「近寄り難い異人」（前出『総特集　田中小実昌の世界』）に書いている。植草が酒を飲まないのに対し、田中はかなり飲む。この点も違う。飲兵衛は、すぐにこれだけあれば酒が何杯飲めるかという「酒」本位制の経済的換算をする。田中が極力、外出先でものを買わないのは、そういう理由もあったのではないか。田中が買うのは「弁当」くらい。それに東京の「喫茶店」でコーヒーを飲む、というのも『ぼくのシネマ・グラフィティ』を読むかぎりほとんど見当たらない。コーヒーを飲んで時間をつぶすなんてまどろっこしくてさ、それなら最初から酒場で焼酎を飲むほうがよっぽどいい、と言いそうである。……言いそうでしょう？

バス好きである点は二人の共通点で、「バスのなかで進行方向へ目をむけると、歩道の両側にかかった橋が、接近してきた。その下を抜けて、すこし行くと、また一つ接近してくる。ふだんバスに乗ると、すぐ本を読みだすのだが、たまにこうして景色をながめているのも、気持がのんびりするものだ」（「バスと陸橋」）というような車内での身の置き方、車窓の風景の観察などはそっくりだ。ほとんどつねに単独行であること、時間に縛られず気ままに動くことなどは同じで、両者とも自由人であることははっきりしている。そのことが魅力で自由に憧れる若い読者がついたのだ。

「自由を我等に」という文章ではパリに滞在しているが「パリでも、昼間はバスにのり、映画を見て、夜は酒を飲んでいる」。これが植草なら、骨董街で怪しげな古物を漁り、古本屋を片端から巡り、街角のカフェでコーヒーを飲みながら、「このカップは見たことがない形で、ちょいといけます。どこへ行けば、こんなのが買えるだろう」という具合になりそうだ。そもそも、田中小実昌には物欲がほとんどないようなのだ。

そもそも「ぼくは荷物をもってあるくのが大きらいだが、このときは、大きなバッグにコートとセーターをいれた」とアメリカ西海岸に滞在した文章（『天国までぶらり酒』実業之日本社）に書いている。この点も古本屋や雑貨を多数買い込んで、重くなった荷物をタクシーに積み込んで帰宅する植草甚一とは対照的だ。第一、酒場をハシゴするのに荷物は邪魔だ。何を自分に優先させるか、という点で田中は厳密な態度を取った。重力を捨て、浮力を重んじる。風が吹き抜けるように、街をひょうひょうと歩く姿こそコミさんだ。

直木賞受賞後、田中は毎年のように海外へ出かけ、長期滞在するようになる。そこでもバスに乗った。いつでも「身近に親しく感じる」バスがすでに身についていた。二〇〇〇年に没した時もアメリカ・ロサンゼルスの旅の空で、まるでバスに乗ったまま次の街まで行くように、あの世へ行ってしまった。

第五章

山之口貘

沖縄から池袋へたどり着いた放浪詩人

沖縄から来た詩人

歩き疲れては
夜空と陸との隙間にもぐり込んで寝たのである
草に埋もれて寝たのである
ところ構わず寝たのである
寝たのであるが
ねむれたのでもあったのか！
このごろはねむれない
陸を敷いてはねむれない
夜空の下ではねむれない
揺り起されてはねむれない
この生活の柄が夏むきなのか！
寝たかとおもうと冷気にからかわれて

秋は　浮浪人のままではねむれない
（「生活の柄」／詩の引用は高良勉編『山之口貘詩集』岩波文庫による）

沖縄出身の詩人・山之口貘（一九〇三〜六三）の代表作だが、これを読んで「あれ？　詩が違いますよ」と思われた方は高田渡ファンであろう。フォーク歌手の高田は、早くから山之口貘の詩に曲をつけて歌っていた。この「生活の柄」ほか、「鮪に鰯」「石」などの山之口貘の詩が原詩となり、ステージで披露され、レコードにも収録された。ところが、原詩そのままではなく、歌にするため手を入れた。「鮪に鰯」は原詩にかなり忠実だが、「生活の柄」は大幅に改変されている。まず、末尾の「である」が高田の歌では「です」で統一され、「歩き疲れては」以下のフレーズは何度か繰り返された。山之口貘の詩をベースにしつつ、これは高田渡の歌でもある。「山之口貘の詩は、机の上の原稿用紙に向かって頭をひねりながらつくり出したという類いの詩ではない。感じられるのは、実体験に根差した人々の生活、もっと泥臭いもの、もっと生々しい世界だ。（中略）だからだろうか、彼の詩には、一般的な〝詩〟という言葉からイメージされる取っつきにくさのようなものがまったくない。それでいて、技術的にも内容的にも優れ

山之口貘（やまのくち・ばく／1903-1963）那覇市生まれ。
２度目の上京後、転々とする。戦後、池袋の闇市に通う。

ている。ましてやそれをみせない。そこがいいのである。そういうものこそ、上手というのだろう」（高田渡『バーボン・ストリート・ブルース』ちくま文庫）。

山之口貘の詩がこれだけ広範な読者を得たのは、もちろん彼の詩そのものに力があったからであるにしても、高田渡による影響が大きかったはずだ。私などもフォーク小僧だった十代に高田渡を聞いて、それまで知らなかった詩人を知ることになった。「鮪に鰯」「結婚」「生活の柄」が収録された高田のアルバム『ごあいさつ』のリリースは一九七一年。一九九八年には、山之口貘の詩に曲をつけた作品ばかりを集めたアルバム『貘』を出した。「長年の夢がかなって」と書いている。山之口貘は六三年に亡くなっていて、翌年に詩集『鮪に鰯』が原書房から出ているが、生前の詩集を含め少部数だろうし、高田渡という伝道師がいなければ、詩の愛好者という狭いエリアから飛び出すことはなかったはずだ。

詩人のぱくきょんみは一九五六年生まれだから私とほぼ同年代だが、十代の終わり、やはり友人から借りたカセットテープで高田渡の歌を聴き、そこで山之口貘を知ったと書いている（『現代詩手帖　特集　山之口貘　生誕１１０年、没後50年』思潮社）。「それは感動とか感激とかということばでは表せないものだったことをよく覚えている。それはもう、今だって心臓を鷲摑みにするような衝撃。それでいてじんわり皮膚の穴にしみ込んでくるような洗練の感覚」だった。私の場合、その出会いはもう少し柔らかく、ユーモアのある面白い詩だなあ、というのが最初の感想だったと思う。しかしあくまで高田渡の歌であることに留まり、詩集を探して読むまでには至らなかった。原詩に手が入っていることも、もちろん知らなかったのである。高田渡の歌から、ダイレクトに山之口貘とぶつかったのはいつごろか記憶にはない。死後十二年を経た一九七五年にして思潮社より全四巻の『山之口貘全集』が刊行されたのも、高田渡の伝道があったからこそだと私は思う。高田が歌った歌詞以外の作品をこの全集刊行以後にどこかで読んだ。そこで、とにかく山之口貘そのものを知る。それは強烈な体験であった。

終焉に向かいつつある高度経済成長の七〇年代後半、山之口貘の詩が静かに浸透していく。貧苦、放浪、孤独、自己の探求など、普通なら隠しておきたいような「恥」さえそこでは詩の言葉に乗せて、大っぴらに暴露されていた。七〇年代の現代詩を私は熱心に読んでいたが、多くは高学歴なインテリによるモダニズム詩であり、颯爽としてカッコよい作品であった。もう少し卑近に言えば、女性にモテる作品であった。「僕は来る日も糞を浴び／去く日も糞を浴びていた／詩は糞の日々をながめ」（「鼻のある結論」）、「僕は人間ではないのであろうか／貧乏が人間を形態して僕になっているのであろうか」(「夜」)等々、汚く情けない詩は、どう見ても女性にモテそうにないし、ほかに見当たらなかったように思う。しかし、「糞」や「貧乏」を描いて、山之口貘の詩は貧相でもなく、品格があり清潔な印象を残した。言葉がよく吟味され、表現として高い意識のもとに昇華されているからであろう。それに繰り返しとなるが「ユーモア」。この高い意識とユーモアがどこから生まれたのか。それも大正末期から昭和の東京で……。その答えを探しながら東京での山之口貘について考えてみたい。

山之口貘は本名・山口重三郎。明治三十六年(一九〇三)沖縄県那覇区東町大門前(現・那覇市)に生まれた。父・重珍は銀行員。激しい恋愛、文学の目覚めと多感の青春期を送り、中学をドロップアウト。大正十一年(一九二二)秋、画家を志し最初の上京をした。そこは「東京」であるとともに、琉球民にとって「日本」でもあった。ところが運の悪い人生のスタートでケチのつき始めというべきか、翌年九月の関東大震災を東京で被災し、一度、沖縄へ帰郷する。「罹災者恩典」により交通費は免除された。

大正十四年(一九二五)再び東京へ。この時は詩の原稿を携えていた。翌年より昭和の新生「東京」で「草に埋もれて」「ところ構わず」「夜空と陸との隙間」で眠る生活が始まった。

詩作と画業

「そこの庭ではいつでも／軍鶏たちが血に飢えているのだ／タウチー達はそれぞれの／ミーバーラーのなかにいるのだが／どれもが肩を怒らしていて／いかにも自信ありげに／闘鶏のその日を待ちあぐんでいるのだ／赤嶺家の老人は朝のたんびに／煙草盆をぶらさげては／縁先に出て坐り／庭のタウチー達の機嫌をうかがった」（「沖縄風景」の前半）。

山之口貘は沖縄出身の詩人で、その出自は終生つきまとった。「お国は？」と東京で女性に聞かれ「それはずっとむこう／日本列島の南端の一寸手前なんだが／頭上に豚をのせる女がいるとか／素足で歩くとかいうような／憂鬱な方角を習慣しているあの僕の国か！」（「会話」）という詩行もある。琉球は江戸期に薩摩藩の支配を受け搾取された歴史があり、明治維新後に琉球藩が設置され、明治十二年、沖縄県と変わった。太平洋戦争末期の米軍上陸による悲劇、戦後から現在にいたる基地問題と「憂鬱な方角」で生きてきた。

その影の中から立ち現れ、山之口貘は東京で詩人になった。最初の上京は一九二二年の秋。

沖縄の那覇港から船で鹿児島へ渡った。「私の青年時代」という回想によれば、いきなり東京駅が出てきて「たしか丸の内側の乗車口、降車口だけで、タクシーを見かけた覚えはなく、人力車が殆どなのであった」とのことだ。荷物を詰め込んだ柳行李と一緒に「早稲田の諏訪町」へ向かう。ここに同郷の友人が下宿していた。しかしこの下宿に長居はせず、長い東京での放浪生活がここから始まった。

十代半ばから詩作を始めた山之口貘だが、上京した理由は画家になるためだったようだ。ここで面白いと思うのは、大正期に東京で絵を描いていた若き画家たちの多くが、同時に詩作もしていたことだ（あるいはその逆）。例を並べると、金子光晴、村山槐多、宮沢賢治、谷中安規、小熊秀雄、耕治人などが絵と詩の両面で創作活動を始めた。生年で言えば一八九五年から一九〇六年の間。少し前の長谷川利行（一八九一）は京都出身だが、関東大震災を東京で体験し、木賃宿の放浪生活、泥酔、借金、貧乏ののちのたれ死んだ。谷中安規もまた、同様の底辺生活を送ったことも含め山之口貘と分身であるかのように似ている。山之口貘といえば、路上生活、極貧と特異性が強調されがちだが、じつは同時代の表現者たちも多く、同じ体験をしていた。貧乏と放浪の詩人・尾形亀之助（一九〇〇〜四二）もまた、若き日に絵を描いていたという。彼らの新しいエネルギーを受け止め発散させるにはどちらか片方では足りず、絵と詩の両方が必要だったのかもしれない。文武両道という言葉をまねれば、「詩画両道」の若者が大正期の東京でうごめいていた。

現在、絵と詩を両立させている人はこの時代ほどには見当たらない。なぜこの時代にジャンルの横断が特徴的であったのか。詩心を持つ者が絵筆を取ることは表現の両面で、まったく抵抗がなかったようだ。村山槐多について海野弘がこう書いている(『東京風景史の人々』中央公論社)。

「絵を描くことが、新しい生き方であり、古いモラルをゆるがすものであるという信条こそ、近代画家の誕生を印しづけているのである。槐多や関根正二はそのような新しい生を生き、それを受け入れる社会を持たずに極貧のうちに死んでいったのであった」。

この「絵」を「詩」に置き換えてもいいだろう。

山之口貘が最初に上京した一九二二年(大正十一)は銀座の資生堂の化粧品部に美容科・美髪科・子供服科が開設。上野の平和記念東京博覧会には洋風小住宅のモデルハウスが展示された。「週刊朝日」の前身「旬刊朝日」と「サンデー毎日」の二大週刊誌が創刊されたのもこの年。帝劇ではロシアのパブロワ舞踏団が「瀕死の白鳥」を公演した。モダン都市東京に新しい文化と風俗が胎動するのがはっきり見える。

さて、山之口貘なのだが、せっかく入学した美術学校を一カ月で退学してしまう。十月には本郷新花町へ下宿を変わり、すぐに菊坂へ移る。ここで「本郷絵画研究所」へ入りなおしているから絵をあきらめたわけではない。ところが、あてにしていた沖縄の父から送金がない。これは誤算だった。金を使えば快楽が渦巻く東京にいて無一文の若者は同情に値する。そして運命の一九二三年を迎える。講談社文芸文庫『山之口貘詩文集』年譜によれば「二月頃から下宿代の催促が激しくなり下宿を夜逃げ。駒込片町の荒物屋の二階の先輩の下宿へ転がり込む。しかしここも追い出され先輩と二人で駒込中里の一軒屋に移る」。

苔むす間もなく、転がる石のように東京を移動し、九月一日の「その日その時」、関東大震災に遭う。

「その日その時／とるものもとりあえず／ふたりは戸外に／飛び出してしまったのだ／それでもかれはかれの／ヴァイオリンだけはかかえていた／ぼくはぼくの／よごれ切ったずっくの／手提の鞄をひとつかかえていたのだが／鞄のなかにはいっぱい／書き溜めた詩がつまっていた

／こんな記憶を／いつまでものせて／九月一日の／地球がゆれていた」（「その日その時」）。

震災後にいったん沖縄に帰郷し、一九二五年のこれも秋か、再び上京する。この時、詩稿を抱いていて、ペンネームも山之口貘と決まっていた。いよいよ本格的に、山之口貘の東京での放浪と詩人としての生活が始まる。

東京の風

野良犬・野良猫・古下駄どもの
入れかわり立ちかわる
夜の底
まひるの空から舞い降りて
襤褸は寝ている
夜の底
見れば見るほどひろがるよう　ひらたくなって地球を抱いている

襤褸は寝ている
鼾が光る
うるさい光
眩しい鼾
やがてそこいらじゅうに眼がひらく
小石・紙屑・吸殻たち・神や仏の紳士も起きあがる
襤褸は寝ている夜の底
空にはいっぱい浮世の花
大きな米粒ばかりの白い花

この作品「襤褸は寝ている」は、第一詩集『思辨の苑』（巌松堂むらさき出版部）の巻頭に収められた。「襤褸」は「ボロ」と読み、当然ながら詩人・山之口貘を指している。「夜の底」「襤褸は寝ている」の詩句がリフレインされるのは、この詩人の特徴である。後年、フォーク歌手の高田渡が山之口貘の詩に曲をつけて歌う際、社会の底辺を生きる詩神とは別に、このリフレインが作る朗誦性が曲作りにぴったり合った。

関東大震災を挟み、一九二五年に二十二歳で再上京した詩人は、その後、東京で「十年間は殆ど住所不定の生活をしていた」（「私の青年時代」）。「自伝」によれば、それは一九三九年の五月ごろまで続いた。畳の上に蒲団を敷いてぐっすり眠る生活からは甚だ遠い。

畳の上では眠れなかったが波の上では寝た。

元号が大正から昭和に変わる一九二六年、書籍問屋、暖房屋、鍼灸、汲み取り屋、薬の通信販売等めまぐるしく職を変えて東京にしがみつく。期間はわからないがダルマ船に乗り込み働いたこともあった。「ダルマ船日記」（「中央公論」昭和十二年十二月）という文章がある。

「×月×日　金
眼を覚ましてみると、側に寝ていた筈の六さんの姿は見えなかった。

居候のくせに、なぜこうも寝坊するのであろうか。

桝のような船室から首を出して、甲板を見廻わすと、既に、七輪の薬罐が湯気を吹きあげていた」

「六さん」は積載量百トンのダルマ船「水神丸」の船長。深川生まれの三十五歳。もっとも船長以外に乗務員は貘一人。三畳間くらいの船室があり、六と貘が寝泊まりしていた。

ダルマ船「水神丸」は本所緑町の製鉄原料問屋の専属で、仕事は鉄屑の運搬だった。川縁にある問屋から鉄屑を積み込み、大森や亀戸、あるいは鶴見（神奈川県の開港都市）などへ向かう。仕事のうちには甲板掃除なども加わり、なかなかの重労働である。六さんは自分よりはるかに若い貘を「おじさん」と呼んだ。

「ダルマ船日記」は、実際に船上生活中につけていた日記をもとにしているらしく、細かい観察が記されている。

某月某日、船は隅田川の河口から東京湾へ入る。

「大森沖である。三十馬力の小蒸汽に曳かれているダルマが三隻、後退りするように寄り添うて来た。それは、こちらの小蒸汽に曳かせるためだった。

やがて、大森沖を過ぎ、羽田沖である。直ぐ右手の沖合いには、灯台がひとつ立っていてまばたきした」

これは陸上生活者にはとうてい得られないパースペクティブで、海からの視点がたいへん新鮮である。もちろんそこには詩人の観察が働いてもいる。「転居」という詩の一部を引く。

「海を見よ／陸の隣りが海なんだ／海に坐って僕は食う／甲板の上のその　生きた船頭さんをつまんで食いながら　海の世間に向っては時々大きな口を開けて見せるんだ」

現在こそ払底したが、かつて船を住居とする水上生活者（職住一体）がいた。桂小金治主演のNHKドラマ『ポンポン大将』（一九六〇〜六三）は隅田川を行き来する「ポンポン船」（焼き玉エンジンによる蒸気船）の船長「ポンポン大将」が主人公。彼は施設から親のない子を引き取り一緒に船で暮らしていた。私の記憶では、「週刊少年サンデー」連載マンガをアニメ化した『アニマル1』（川崎のぼる・原作）のアマチュアレスリングに励む少年一家が、やはり水上生活者であった（一九六八年の放映）。前田陽一監督の松竹映画『虹をわたって』（一九七二）は天地真理主演で、横浜の運河に停泊する水上ホテル、食堂船が登場する。天地真理は一九五一年生まれで、私より六歳上だが、このあたりまでの年代には、水上生活という風俗が容易に認知されていた。しかし、山之口貘のことを書いていて、天地真理に触れるとは私にも思いがけないことだった。

ただし、海上生活者に住所はなく、東京にいて、あいかわらずの「住所不定」であることに変わりはない。しかし、この時代に「住所不定」は貘の特権ではなかった。四年後の世界恐慌は、関東大震災で壊滅した東京をさらにどん底に陥れた。失業者の増大をまねき、路上に困窮者があふれた。貘もその一人にすぎなかった。ただ詩人はそれを作品にした。東京を放浪し、歩き疲れると「草に埋もれて寝たのである／ところ構わず寝たのである」（「生活の柄」）ことは、他の路上生活者と同じでも、それを「地球を抱いている」と言ってのけた。なんと大胆で、ファンタジックな表現であろうか。地球を枕に寝た男にとって、みじめな失業都市・東京がこの時、宇宙空間の一部となる。

「あの浮浪人の寝様ときたら／まるで地球に抱きついているかのようだとおもったら／僕の足首が痛み出した／みると地球がぶらさがっている」と「夜景」（全行）では、宇宙の側から見た自分と地球の関係の逆転現象まで起きている。宮沢賢治や稲垣足穂と並べて論じたくなる宇宙感覚の持ち主だった。果てには、「地球を食っても足りなくなったらそのときは／風や年の類でもなめながら／ひとり　宇宙に居のこるつもりでいるんだよ」（「食いそこなった僕」）も同様。

故郷の沖縄を捨てて、もう何一つ失うものがない東京で、この詩人はいわば自由になっていく。

「彼が、沖縄を追われるようにして上京した時代は、東京の詩壇は、一種の疾風怒濤の時代であった。そういう詩壇の渦の中に、貘は身を投げ入れることなく、放浪のなかで培った自身のこころを忠実にうたいつづけたのであり、それを佐藤春夫は『枝に鳴る風見たいに自然だ』といったのである」と仲程昌徳は『山之口貘　詩とその軌跡』（法政大学出版局）の中で書く。昭和初年の文学界はプロレタリアと新興芸術派が優勢で、詩壇も同様であった。山之口貘の詩は、「僕は来る日も糞を浴び／去く日も糞を浴びていた／詩は糞の日々をながめ　立ちのぼる陽炎のように汗ばんだ」（「鼻のある結論」）のように、労働のつらさ苦しさも謡ってプロレタリア詩に接近したが、あくまで「汲み取り業」における現象を描いたのであって階級闘争とは無縁だ。どの派にも属さないことで余計な色がつかず、現在も作品がなお新しい。

正津勉編集による『東京詩集　Ⅱ』（作品社）は一九二三年から四五年に書かれた東京の詩を集める。山之口貘「妹へおくる手紙」も収録。これを読むと、同時代の詩人が書いた東京の詩とはかなり違っていることに気づく。富永太郎「橋の上の自画像」に見える「『仁丹』の広告塔」や「カルピスソーダ水」、陶山篤太郎「千九百廿七年終焉を歩む」の「銀座街頭、歳末の商戦」「ショウ　ウヰンドウの毛皮」「デパートメント　ストアの偽瞞を倒せ」、中原中也「正午　丸ビル風景」の「十二時のサイレン」「大きなビル」といった、都市風俗をデザインする要素を、山之口貘の詩に見つけるのは難しい。もちろん「ホテル」「アパート」「ビルディング」の言葉は見つかるものの、ひどくあっさりしていて「地球」や「天」といった独特の用語の前にはかすんでいる。

おそらく東京にいながら、彼には銀座もカフェも東京駅もファッションも関心がなかった。それら流行の都市風俗をたんねんに描かないことで、彼の思弁的な詩は腐らず、時代を超えて愛されるのだと私は思う。それなら、山之口貘の東京とは何か。詩集を読んでいて気づくのは、「風」という言葉がよく出てくることだ。「まるで／風におびえる蛾みたいに」（「思辨」）、「風や年の類でもなめながら」（「食いそこなった僕」）、「風／雲／太陽／有名なもの達の住んでいる世界」（「天」）、「またしてもどこ吹く風なのか」（「野次馬」）等々。ときに公園のベンチや土管で寝泊まりした詩人は、つねに外界に身をさらし風に吹かれていた。それも東京の風だ。

沖縄を含む南西諸島は一年を通じて気温が高く、台風の通り道となり暴風にも晒された。東京は夏には南東から、冬は北西から季節風が吹き、雪が降った後は空気が乾燥した。詩人はそのことを、路上を歩き、草に埋もれて寝ることで体感したと思われる。私は山之口貘こそ、日本詩史の中で、東京の風を親身になって受け止め、表現した詩人だと思っている。

彼はまた「結婚」そのものに憧れ、多くの詩に望みを託した。その名も「結婚」という詩には、全二十行の中に七回も「結婚」の文字が出てくる。なにしろ「詩は僕を見ると／結婚結婚と鳴きつづけた」ほどだ。とくに「はなはだしく結婚したくなっていた」のは、次のような場合。つまり「雨に濡れた場合」と「風に吹かれた場合」などだ。そしてついに一九三七年、見合いした安田静江と十二月に結婚し家庭を持つ。以後、詩から「風」は消えてしまった。

戦下の詩人

一九三七年十二月、安田静江との結婚が山之口貘の東京生活を革命的に変貌させる。詩人三十四歳、妻三十三歳だった。それまで住所不定は相変わらずで、東京の空の下、両国のビルでの寝泊まり、先述のごとく隅田川のダルマ船での生活と「畳の上」で眠ることは稀れだった。そこへ結婚、アパート暮らしでの新婚生活（牛込区弁天町）が始まり東京に重心を得た。牛込区弁天町は現在、新宿区となるも弁天町という町名は現存。バス停に「牛込弁天町」という旧町名が残る。現在は都営アパートが建て込む一画であり、南北を貫く三一九号線はプラタナスの並木道。若夫婦はこの並木道を初々しい気持ちで歩いたろうか。
とにかく所帯を持ったことで、風来坊の詩人の前に、それまで所持しなかった様々な物が現れた。それをちゃんと「畳」という詩にしている。

なんにもなかった畳のうえに
いろんな物があらわれた
まるでこの世のいろんな姿の文字どもが
声をかぎりに詩を呼び廻って
白紙のうえにあらわれて来たように
血の出るような声を張りあげては
結婚生活を呼び呼びして
おっとになった僕があらわれた
女房になった女があらわれた
桐の箪笥があらわれた

薬缶と
火鉢と
鏡台があらわれた
お鍋や
食器が
あらわれた

これぞ山之口貘と言いたくなる名品。結婚して夫婦となり、所帯道具が次々増えたというだけのことを、まるで手品のごとくどこからか「あらわれた」とサプライズに変えて、畳を主体に自分の存在さえ対象化している。このエスプリとユーモアは、たとえばフランスの詩人ジャック・プレヴェールと比べたくなる。おそらく、貘の詩を仏訳すれば、あのエスプリとユーモアの国で大いに受け入れられるだろう。

上京してからの彼の第一目標は詩集を出すこと。それと同じくらいの比重で「結婚」に憧れた。「一日もはやく私は結婚したいのです」（「求婚の広告」）、ちなみに、この「求婚の広告」生原稿が、二〇二一年十二月の「五反田古書展」目録に掲載されている。出品したのは詩書専門店の某店。四百字一枚ペン書きで二十七万五千円。このお金、貧乏暮らしの貘さんにあげたかった。結婚しても貧乏は相変わらずで、岩波文庫版『山之口貘詩集』年譜によると「温灸器販売、ニキビ・ソバカスの薬の通信販売の仕事をしていたが、倒産。新婚早々失業し『みそかそばも食えない年の暮をくぐって、餅ひとつも飾れない正月』(『ぼくの半世紀』)をむかえる」有様だった。

なにしろ、結婚した一九三七年、日本は中国との泥沼戦争に突入、三九年には第二次世界大戦と拡大した非常時の新婚生活だった。一九〇九年生まれの大岡昇平は、四四年に三十五歳で召集され戦地に赴く。当時の平均寿命からすると古参兵だが、それだけ戦況が悪化していた。わが貧乏詩人は四四年には四十一歳だから兵役義務から免れた。この時代、一年いちねんの差が微妙に運命を左右させる。貘

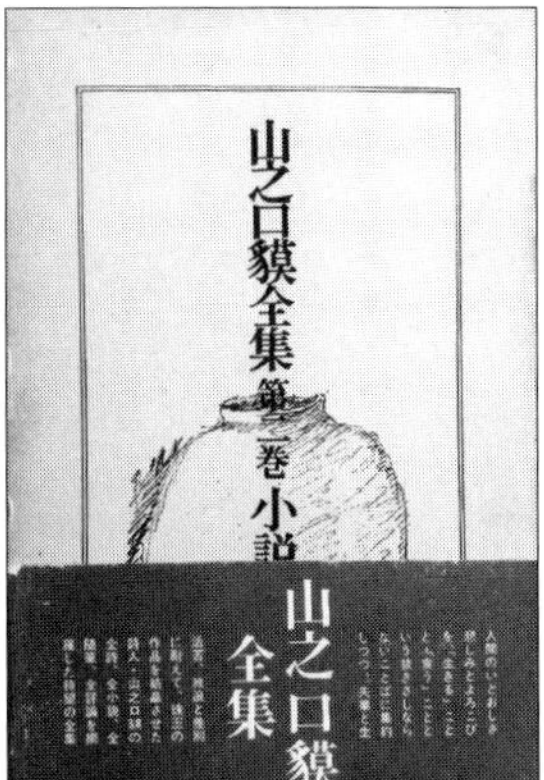

小説・評論なども網羅した四巻の全集

は戦争に目をつぶっていたわけではない。「飛び立つ兵器の群をうちながめ／群れ飛ぶ日の丸を見あげては／だだ／だだ　と叫んでいる」（『紙の上』）と一九三九年に書いたし、「ねずみ」では、道路で何度も繰り返し車に轢かれて「ひらたくなった」ねずみを醒めた詩情で唄う。立派な反戦詩で、『山河』という同人誌に発表された一九四三年においては国家統制が厳しく、危険な作品だった。これが検閲を逃れた理由を『日本の詩歌20』（中公文庫）の「山之口貘」を担当した飯島耕一はこう書く。「検閲官はこれをただのネズミの詩として見逃したらしく、あとで山之口貘は痛快がったという」。高田渡には、ぜひこの作品を歌にしてもらいたかったと私は思う。

暗黒の戦下は悪いことばかりではなかった。一九三八年に第一詩集『思辨の苑』（巖松堂むさき出版部）を出版。翌三九年、東京府職業紹介所に就職、これが人生における初めての定職で給料をもらう身分となった。四〇年に第二詩集『山之口貘詩集』（山雅房）を刊行。「中央公論」「文藝」など一流雑誌からも原稿依頼があるなど、詩人の名前が次第に浸透していく。上京した頃は「しばしば、自殺をおもひ立つのであつたが、そのたびに詩には未練がましく、もう少し書きたいといふ気持をどうすることも出来ないで、とうとう自殺をしたつもりで生きることに決めたのである」(「自伝」)というぎりぎりのところで生きていた。「詩」を書くことが自分を救ったと考えると、彼の詩で我々が救われるのも当然であろう。

再び東京へ

山之口貘の戦後は池袋から始まった。一九三九年から四八年、職業紹介所に定職を得ていたが、空襲が激しくなる四四年十二月、一家(長女・泉が生まれていた)は、妻・静江の実家のある茨城県結城郡飯沼村に疎開。飯沼村は現在の常総市北西部にあった村で、戦後の町村合併により消滅した。最寄り駅は関東鉄道常総線の「石下」になるのだろうか。村から駅までは数キロ離れている。貘はこの飯沼村から片道四時間かけて東京へ通っていた。朝は暗いうちから家を出たに違いない。敗戦後の鉄道は地方への買い出しも含め、車内は人でふくれあがった。おそらくこの頃の作品に「満員電車」がある。「爪先立ちの/靴がぼやいて言った/踏んづけられまいとすればだ/踏んづけないでは/いられないのだが」。

それら一切合切が敗戦で白紙となり、退職した年(一九四八)の七月、疎開先の茨城県から上京。練馬区の月田家（練馬区向山町一二九二）に間借りする。敗戦から東京へ戻るのに三年もかかったのは、戦後の東京への人口流入が増加し、そのため転入制限が行われたからだった。東京へ住むには、米穀通帳と家を貸す大家が保証人になる必要があった。戦後の混乱期、空襲などで家を失った人々が、親兄弟や親せきの家を頼って一時期、身を寄せることは珍しくなかった。空襲の激しい東京東側から、西側の郊外へ人口の移動が始まる。頼れる親兄弟や親せきのある者はまだよかった。しかし、山之口と月田両家は赤の他人。しかも貧乏詩人の場合は以後延々と十五年近くもこの赤の他人の家に住み続け、永眠（一九六三年）も同じ屋根の下だった。最寄り駅は西武池袋線「中村橋」駅。西武池袋線で池袋から六つ目の駅。東隣りが練馬駅。現在、中村橋駅前には練馬区立美術館がある。私が中村橋駅で降りるのも、この美術館があるからで、ただし開館は一九八五年のことだ。練馬区向山町には二〇二〇年に惜しまれながら閉園した遊園地「としまえん」があった。開園は一九二六年だから山之口家が越してきた時にはすでにあったが、果たして娘の泉（一九四四年生まれ）は、連れて行ってもらっただろうか。

月田家の位置関係については、泉の記述がくわしい。

「西武池袋線の中村橋という駅から、北に七分ばかり歩くと、右は練馬・椎名町方面、左は石神井・大泉方面へ抜けるバス道路につき当る。今ではその百米ばかり手前にもっとずっと広い道路が通っているので、元の道の方は閑散としているが、この旧道を渡って直ぐの左角に建っているのが、我が月田家である」（山之口泉『父・山之口貘』思潮社）

ここで「ずっと広い道路」とは現在の目白通りであろう。月田家はさらにその北側の旧道近くにあったらしい。駅まではざっと五百メートルぐらい。木立の多い涼し気なたたずまいの家で、苔の生えた石段があったという。以下も泉の記録に頼るが、一家が間借りしたのは一番東側の南向きの部屋。本来は月田家の祖母のために用意され、だから作りつけの大きな仏壇があった。祖母は一番いい部屋を山之口家のために明け渡し、中廊下を挟んだ納戸に住んだという。これも最初に二カ月という期限つきの約束があったからこそできたことで、まさか十五年も軒を貸して居座られるとは思っていなかっただろう。

二カ月ほどの約束が十五年に

月田家の女性当主・月田寛は日本女子大学の家政科教授。新婚の息子夫婦を住まわせるための家に、余計な荷物といっていい山之口一家を背負い込むことになった。月田家との出会いは、月田の息子の亨が立教大学を出て池袋の母校近くで古本屋を一時期開いていた際のことではないか、と娘の山之口泉が『父・山之口貘』で推測している。

「結婚したばかりの若夫婦の家なので／お気の毒とはおもいながらも／二カ月ほどのあいだをと／むりにたのんでぼくの一家を／この家の六畳の間においてもらったのだ」と作品「萎びた約束」に書く。「二カ月ほど」は十五年にも及び「約束は萎び」てしまった。家賃も払えたり払えなかったりであったが、催促されることも邪険な目に遭うこともなかった。

評伝『貘さんがゆく』（童話屋）で茨木のり子は、「戦後の、住まいをめぐる争いは殺気だって」いた中、この両家の関係は「ごくまれだった」とし、こうも言う。

「月田家の人々もえらかったのですが、それというのも貘さん一家のなかに、そうしてあげずにはいられない人柄の魅力があったからでしょう」。「そうしてあげずにはいられない」ことこそ、山之口貘の詩の力であった。「誰も居なかったので／ひもじい　と一声出してみたのである／その声のリズムが呼吸のようにひびいておもしろいので／私はねころんで思い出し笑いをしたのである」（「賑やかな生活である」）などのノンシャランな詩的表現は、ほとんど彼の専売特許で模倣も追従も許さなかったように思う。「こうなると金がないという状態が、哲学的詩的様相を呈してくる」（飯島耕一『日本の詩歌20』中公文庫）と評されるゆえんである。

疎開先から月田家にやっかいになった日のことを、娘の泉はよく覚えていて『父・山之口貘』に書いている。

「昭和二十三年七月の良く晴れたその朝、私達一家は、黒い煙とものやさしい汽笛を吐く汽車に乗り、十九年の末から戦火を避けて暮させて貰った母の実家を後にして、茨城の小さな町を発って来たのだ。窓からは、入道雲が見え、物心ついて初めての長旅に、私はすっかりはしゃぎきっていた。数日前になって、突然、引越しをするのだと聞かされ、今度住むのは〈東京〉という所だと教えられた。春に四つを数えたばかりの私には、引越しの意味さえ良くわからなかったのが、〈東京〉という言葉には何かしらはしゃぎたくなるような響きがあった。大きなトラックに少しばかりの家財道具を積み込むのを眺めながら、土地っ子の遊び友達に『とうきょうへ、ひっこすんだ。』と、自慢気に言った憶えがあるから、とても良い所と思っていたに違いない」

東京を知らない泉が、東京への憧れを持ったはずはなく、おそらく東京で暮らしたことのある両親からの伝染ではないか。
「桃の花」という詩がある。

いなかはどこだと
おともだちからきかれて
ミミコは返事にこまったと言うのだ
こまることなどないじゃないか
沖縄じゃないかと言うと
沖縄はパパのいなかで
茨城がママのいなかで
ミミコは東京でみんなまちまちと言うのだ
それでなんと答えたのだときくと
パパは沖縄で
ママが茨城で

ミミコは東京と答えたのだと言う
一ぷくつけて
ぶらりと表へ出たら
桃の花が咲いていていた

貘さん池袋へ

しかし、家族三人が寝て起きて食事をして、原稿を書くには六畳一間は狭い。始終顔を突き合わせる夫に、妻の静江は貧乏所帯のやりくりを愚痴るようになっていた。「母は、舌を控えるということを知らず、一度愚痴り出したが最後、どんなに相手を傷つける言葉でも平気で言ってしまう」と娘・泉が回想する（『父・山之口貘』）。妻の気持ちも分かるのだ。なにしろ「ラジオもなければテレビもない／電気ストーブも電話もない／ミキサーもなければ電気冷蔵庫もない／電気掃除器も電気洗濯機もない」（「ある家庭」）部屋だった。

甲斐性のない貧乏詩人は、一日が始まると妻の痛い視線を避けて家を抜け出し、西武電車にガタゴトと揺られるようになった。目指す先は「池袋」である。それも西口。詩人は毎日のように電車に乗り、池袋へ向かう。この時、闇市が駅を挟んで東西に広がる戦後の池袋はエネルギッシュな街で、戦争で生き延びた人々を受け入れ飲み込んだ。風に吹かれて生きた山之口貘が、東京にとうとう安住の地を見つけた。明るいうちは喫茶「小山」、日が暮れると泡盛を飲ませる沖縄料理店「おもろ」へ日参するようになる。すでに詩人は有名だったらしく、様々な人に目撃証言がある。生まれが池袋で、光文社の編集者時代に池袋を根城としていた種村季弘もその一人。

池袋駅前の泡盛屋で飲んでいると、友人が「あれが詩人の山之口貘だよ」と教えてくれた。種村はその詩を読んでいて、憧れもしていた。「その人は茶の背広に茶のベレー帽、飴縁の眼鏡を掛けて、眼鏡のレンズには薄い茶の色が入っているようだった。全体に茶色ずくめの、多少時代の経った環境でなら壁や羽目板に溶け込んでしまいそうな保護色の感触である」（『書物漫遊記』ちくま文庫）。この文章が書かれたのは一九七七年。貘さんが亡くなってからでも十年以上が経過していたが記憶は鮮明だ。喫茶「小山」でも何度か見かけていて「いつも表通りのよく見える席に陣取って、行き交う人をガラス越しに眺めているのである」（前同）という。

いつも間違いなくいることで、電話のない詩人と連絡を取るために「小山」が使われたらしい。つまり事務所代わりだ。「小山」の正式店名は「小山コーヒー寮」。西武百貨店の向いにあった。店主の小山志づは長居する詩人に黙ってお代わりを運んだ。種村季弘による貘さんと「小山」についての証言はほかにもある。貴重な東京喫茶店文献となるので紹介しておく。
「今の西武デパートの真ん前にね、『小山』というコーヒー屋があって、昼間はみんなそこにいたんですよ。戦争中は泡盛屋だった。ご主人も沖縄出身の絵描きさんだったけど食えないから店を始めた。池袋モンパルナスあたりの安い酒しか飲めない連中の溜まり場だったようですね。戦後はご亭主が戦争中に亡くなったとかで、古沢岩美の『美の放浪』に出てくるよ。お酒の相手をできない未亡人が喫茶店にしたんだね。最初が泡盛屋だったから、貘さんもいたんだな。朝から晩までいる。昼になると綺麗な娘さんが持ってくる弁当を食べて、コーヒー一杯だけでずっといる（笑）。」（「焼け跡酒豪列伝」／『雨の日はソファで散歩』ちくま文庫）
これで「小山」と貘さんのつながりが見えてきた。月田家に間借りして、「中村橋」から池袋へ通うようになった戦後からの話ではない。貘さんが池袋に姿を現すのはもっと前、戦前に始まったようだ。宇佐美承『池袋モンパルナス　大正デモクラシーの画家たち』（集英社文庫）

で、昭和十年代の池袋に登場する姿が描かれている。当時、池袋にあった喫茶店「コティ」を、戦後の「小山」のごとく根城にしていたようだ。

「コティは仕舞屋を改造した店で、女給はいなかったが、あかるくてハイカラであった。（中略）当時全盛だった立教アイスホッケー部のたまり場で、立教の学生や絵かきや文士のいないときはなかった。かれらがさんざめくなか、片すみで黙々と原稿を書いているのが沖縄の詩人山之口貘であった。山之口は隅田川で艀に乗っているということで、これ以下の弊衣はあるまいと思われるぼろをまとい、貧乏まで売っているといわれていた」

同著に活写されているごとく、池袋がまだ辺境の地であった昭和初期から、若くて貧しい画家や詩人たちが集まり住み、現在の要町から椎名町近辺に速成された貸しアトリエのコロニーを作った。それらは「長崎アトリエ村」と総称され、この街の詩人で画家の小熊秀雄が「セーヌ左岸の芸術家のまちになぞらえて『池袋モンパルナス』と呼びはじめた」と宇佐美が説明する。「池袋モンパルナス」の代表的な画家、寺田政明が宇佐美の取材にこう答えている。

「小熊からは行動力と主張を教わったんだ。山之口貘からは貧乏の美しさと清潔さを学んだんだ」

闇市から発展した池袋

池袋という街の概要について、コンパクトに解説した文章があるので紹介しておく。

「江戸時代、江戸市街の外れの野原であった池袋は、貨物駅やいくつかの学校が設けられる明治末ごろから少しずつ開発されだした街。今日のような原型ができるのは西武池袋線、東武東上線に住む人が急増する戦後のこと。以来、池袋駅はターミナルとしての整備も進み、駅を囲うように西武デパートや東武デパートが建てられ、副都心としてスタートする」（住まいの図書館出版局『東京セレクション　花の巻』住まいの図書館）。

じつは一九九〇年に大阪より上京した私にとっても、最初の土地鑑ができたのは池袋だった。とくに西口、池袋演芸場のある一角は飲食店や風俗店が立ち並び、猥雑と混沌を匂わせ、どこか大阪で親しんだ町を思い起こさせた。池袋演芸場のある通りの入り口に「カフェ・ド・巴里」という喫茶店があるが、そのネーミングやインチキ臭いゴージャスさを含め、大阪人をたやすく安らげさせる空気を醸し出していたのである。最初に住む東京の部屋探しをしたのも池袋の不動産屋だった。君の求める条件では東京には住めないよと言われ、連れていかれたのが荒川を越えた埼玉県戸田市で、埼京線を利用することになり都心で働くようになってからも池袋の街はよくうろついた。東京を知らない大阪人の私にも、大衆的なこの都会がなじんだのである。そこには東口にはない「街の匂い」があった。駅からさほど離れていない裏路地で、立小便をする酔客を見たのも池袋だった。

ふたたび種村季弘によれば、「いま思い出してみると、池袋は昔から多民族多人種が雑居していた。ロシア人が絨毯やパンを売りにきたし、朝鮮半島(それはまだ南北に分裂していなかった)から来た同級生がいた。沖縄の子がいた。日本列島からも北海道、九州から来た家族が多かった」(『江戸東京《奇想》徘徊記』朝日文庫)という。沖縄人の貘さんがこの街に慰安を感じたのは当然だったし、大阪人の私もよく知る街のようななつかしさを感じたのには歴史的根拠があった。

池袋が現在のような盛り場に変身したのは戦後のことだろう。昭和二十年の空襲で焼け野原となり、その跡地に東西ともに大規模な闇市が形成される。「昭和22年6月の時点で、いわゆる「○○マーケット」と呼ばれる連鎖商店街は、池袋だけで13ヵ所、店舗数は1200軒以上あったというから、まさに〝ヤミ市の時代〟だった」（「荷風」二〇〇八年三月号・執筆／赤石智也）。この闇市はまず東口から昭和二十年代に撤退し、約十年遅れで西口側も消滅する。西口マーケットは昭和三十八年に取り壊され、跡地が現在の西口広場となった。これは翌年に開催される東京オリンピックに合わせた街の浄化であった。

昭和三十八年に死去した貘さんはぎりぎり、池袋の闇市を知る詩人となった。

「池袋は、いま、時々刻々に変貌しつつあるのだ。池袋駅東口には、すでに、西武百貨店がその巨体を構え、西口には、東横百貨店が控えているのであるが、東口にはさらに三越や伊勢丹の姿も現われるとのことで、これら四つの大百

闇市からビル街に変貌し始めた60年代初頭の池袋西口

貨店の勢揃いを想像しただけでも、近い将来の池袋の風貌がうかがわれるわけである。東口駅前も、いまは広場になっていて、各方面へのバスの便があり、地下鉄が完成したり、上越、信越線がはいってくるようになるあかつきには、すっかり大池袋に化けるのだ」と「池袋の店」で、詩人自ら戦後池袋の大変貌を書き留めている。

「東横百貨店」は現在の「東武百貨店」。「三越」は二〇〇九年に閉店。「丸物」は一九六九年に閉店し、跡地に生まれたのが「池袋パルコ」だ。七〇年代から八〇年代は「渋谷パルコ」と合わせ、文化をリードする「西武神話」が作られる。しかしこれもバブル崩壊とともに失速。百貨店の放射した夢と求心力は平成の世になって急速に弱まっていく。

そして沖縄

前出の『貘さんがゆく』によれば、「戦後、ジャーナリズムやマスコミが発達して、貧乏詩人の貘さんは、だんだん有名になり、『貧乏物語』の専門家のようになってしまいました」とのことで、ＮＨＫの番組などにも引っ張りだされた。名前や顔がかなり一般にも広まっていたようだ。

「おもろ」は空襲による焼跡にできた巨大な闇市の一画にあった沖縄料理店。「駅西口前には北口寄りの交番近くや南側の東武会館別館裏手の路地にわずかにヤミ市由来を感じさせる間口の狭い雑貨店、居酒屋などが残る」と藤木ＴＤＣ『東京戦後地図　ヤミ市跡を歩く』（実業之日本社）に記されている。「おもろ」もその一角にあった。夜の貘さんに会いたければ「おもろ」へ行け、と言われていた。酔うほどに沖縄の原人としての血が沸騰するのか、ここで踊る姿がいくつか写真に残されている。檀一雄、野坂昭如、木下順二なども来店した。年譜には、一九五二年夏に開かれたデパートの沖縄展で、「毎日琉球舞踊を踊る」とある。沖縄を出て二十七年、もう東京生活の方が長くなっていたが、詩人の胸のうちから故郷の姿が消えることはなかったと思われる。

一九五八年十一月、思いがけないことが山之口貘の身に起きた。沖縄へ久しぶりの帰郷がかなったのだ。一九二五年九月の二度目の上京以来、驚くべきことに三十三年ぶりのことだった。歓迎会が催され、石垣島では兄弟、親戚との再会も果たし、滞在は予定を大幅に繰り越し二カ月近くに及んだ。米国統治下の外国だった沖縄の滞在期間は一カ月と限られたが、諸事情から延びたというが、要するに居心地がよかったのだろうと思う。

「那覇の泊港に船が横づけになったとき、岸壁の群衆は大きな幟までおし立てて迎えてくれたものである。紺地に白で『バクさんおいで』と大書されたもので、中学のころの旧友がすでに白髪の頭をして、その幟を両手でかかえているのである。三十五年ぶりとはいえ、錦を着て帰ったのでもないのにと、ぼくはおもわないではいられなかったのであるが、貧乏詩人の、その貧乏が、ぼくの錦ではないのかとおもいなおし、感激をあらたにした次第なのであった」(「沖縄帰郷始末記」)。

やや照れ交じりの自嘲を含みながら、厳密には「三十三年」を「三十五年ぶり」と水増ししたあたりにも喜びと興奮が表れている。長期の東京滞在がもたらした効果でもあった。

「ぼくの生れは琉球なのだが/そこには亜熱帯や熱帯の/いろんな植物が住んでいるのだ」(「がじまるの木」)。「ぼくはしばしば/波上の風景をおもい出すのだ/東支那海のあの藍色/藍色を見おろして/巨大な首を据えていた断崖/断崖のむこうの/慶良間島」(「耳と波上風景」)。

酔って踊り出せば、そこが東京・池袋であっても詩人は沖縄の中にいた。一九六三年七月十九日、最後の瞼の裏に映ったのも、果たして懐かしき琉球の風景だったろうか。

第六章 耕治人

野方に苦しみ生きた二人ぼっちの二人

中野区野方での邂逅

一九六八年の東京。福井県から上京し早稲田大学に入学した若者がいた。下宿先に選んだのが中野区野方《のがた》。西武新宿線「野方」が最寄り駅で、駅のすぐ東側を環七が通っている。町としての野方は環七のさらに東側。下宿探しに利用したのは大学文学部の掲示板で、「野方駅徒歩三分、四畳、五千円。但し大阪と名古屋の人を除く」と張り紙を見つけたから。

これは東京在住者にインタビューした石村博子『新・東京物語』（講談社文庫）からの紹介となる。「野方の道を歩いていると、いよいよ自分は東京に来たという実感が込み上げてきた。今、こうして大きな街に最初の足を踏み入れているわけだ」。上京者として若々しい感慨だ。下宿先は普通の民家で、玄関脇の四畳間を借りることになった。大家はこの家の主、童話作家の酒井朝彦（一八九四〜一九六九）で生まれは長野県。彼もまた上京者で早稲田大学の卒業生だった。若者が「早稲田の学生」と告げると即入居が決まった。「大阪と名古屋の人を除く」というのは、酒井の好み及び偏見であろう。大阪人の私としては少し不愉快だ。

野方に下宿を得た若者は、近くを散歩している時「奇妙な表札」を見つける。そこには「耕

耕 治人（こう・はると／1906-1988）熊本県八代市生まれ。野方に長く住み80年代末に没するまで住んだ。

治人」と書かれてあった。文学好きの若者は「どこかで聞いたことがあるなあ」と思った。下宿へ戻り、酒井にそのことを告げると、「そりゃ、小説家だよ」と教えてくれた。その後、若者は下宿近くで「不思議な風体の老人」とすれ違うようになる。「一直線の道の向こうから、買物カゴを提げて歩く、背の高い人。いささか派手めの服を着て、文士というよりは画家の風情を漂わせている」。まさしくこの老人こそ耕治人であった。

若者の名は荒川洋治。大学在学中に刊行した詩集『娼婦論』（一九七一）を卒業論文とし、同時に小野梓賞を受賞。華々しいデビューを飾り、以後、戦後生まれの詩人のトップランナーとして活躍してきた。文芸時評、書評、読書論の分野でも独自の仕事をし、信者とも呼べるファンは多い。私もその一人で、じつは「鳩よ！」（マガジンハウス）という雑誌に連載した四コマ漫画「荒川くんの現代詩冒険」が、岡崎武志の業界デビュー作である。京都の書店「三月書房」で買った詩集『あたらしいぞわたしは』（気争社・一九七九）は衝撃で、一時、暗唱するように読みふけり、同時代のもっとも輝かしい表現者として、まだ若い私の脳に刻まれた。

つまり、私が上京する理由の幾分かに、荒川洋治が住む東京（本当は埼玉）に自分も住むという動機が含まれていた。私が最初に住んだのは東京ではなく埼玉で、そんなところまで模倣している。「憧れの住む東京へ」の「憧れ」には人も含まれていて、尊敬する作家やミュージシャン、俳優、あるいは青春期のアイドルなどがそこに住んでいるという下世話な、しかし決してバカにはできない「憧れ」も大きい。荒川洋治も酒井朝彦から野方周辺には、福原麟太郎、梅崎春生、隣の沼袋には平林たい子が住んでいると教えられる。あの栄えある文学者たちが住む東京であった。

この話には続きがある。同じく『新・東京物語』を借りるが、「耕治人」の名前がその後も頭の片隅に引っかかった荒川は、大学三年の時、『詩人に死が訪れる時』という作品に驚く。「これは何と良い文章なのだろう!」。三十歳を過ぎて、耕治人に何度か手紙を出した。「私が書くようなものを読んでもらって有難う」という返事が来た。一九八〇年代初頭のことか。一九八八年一月六日に耕治人は八十一歳で死去。痴呆状態に陥った老妻の介護にふりまわされる男を書いた私小説『そうかもしれない』(一九八八・講談社)は大きな反響と評価を得て、同年、全集刊行の運びとなり、十二月に第一巻が出た。八九年の十二月に最終巻である第七巻が刊行されたが、詩作品を中心とするこの巻の解説を担当したのが荒川洋治だった。ここでも野方で耕治人の表札を見つけた話が書かれている。両者が東京に出て来なければ起こりえないような話だと私には思える。熊本県出身の耕治人もまた、憧れの人がいるというのが上京の動機であった。

野方という町に

野方とはいかなる町か。西武新宿線「野方」駅は「高田馬場」駅から西へ五つ目。地理的には中野区の北西に位置し、北は練馬区、東は新宿区と隣接している。関東大震災以後、住宅地として開けてきた郊外の町の一つ。駅は一九二七年の開業で、現在も地上駅であるが、一九八三年の新駅舎と跨線橋誕生までは構内に踏み切りがあった。二〇一〇年に改良工事があり現在の姿となったが、この先、現在進行中の西武新宿線（中井～野方）の立体交差（地下化）が将来実現し、駅舎は地下へもぐる予定。私は何度か訪れたが、小さな商店街がいくつか組み合わさった下町ふうの住みやすそうな町である。戦後まもなく開業の「コ」の字型のアーケード商店街「野方マーケット」はかろうじて健在で異彩を放つし、路地裏に「無垢」という純喫茶の名店がある。ここは席で紙巻きたばこの吸える珍しい店。

いまここに一九七八年発行（七九年改訂版）の『西武沿線行楽・散策ガイド』（実業之日本社）という本があり、「野方」も単独で二ページの紹介がある。一九五一年から野方に移り住んだ耕治人は一九七八年に七十二歳で、長年の土地問題に苦しみ、作品の発表も途絶えていた時期だ。

「野方は西武沿線でも早くからひらけた繁華な街だが、庶民的で気取りのないところがいい」というのが同著該当ページのリード。本文は「野方駅を軸として、ときわ通り商店街、北原通り商店街、駅前商店街、それに本町通り商店街とビッシリ商店が並んで活気をみなぎらせている」とある。この説明は約五十年

西武新宿線・野方駅。街は住み心地の良さでも人気が高い。

後の現在でもそのまま通用しそうだ。八百屋、魚屋、肉屋などの個人商店が機能する町のようだ。専門店では味噌の「河内屋」、洋菓子の「シェルテ」(「店はパッとしないが評判よし」という余計な記述あり)、和菓子の「吉田屋」、ひよ子本舗の「吉野屋」、「金時せんべい」は現在でも営業中。これに続く「三富」(鉄板焼き)、「せき家」(お茶漬け)、「旅路」(喫茶)、「アルパイン」(洋菓子)、「センチュリーベーカリー」「モンパルノ」(いずれもパン屋)は閉店してしまった。

「これらの活気あふれる商店街を一歩ぬけると、周囲一面、どこまでも続く住宅街となっており、東京の人口密度の高さを実感できるような気がする」で締めくくられているが、耕治人の住まいもそんな住宅街の中にあった。

野方の文学的記憶でいえば、瀬戸内寂聴が得度前の本名・晴美時代に、野方駅の南、大和町二丁目に一九五七年から約三年を過ごしている。「あの頃、新宿から出ている西武新宿線の野方駅もこじんまりして、電車から降りると、ほっと心がゆるむような駅であった」と私小説「野方」(『場所』新潮文庫)にある。一九五七年は新潮同人雑誌賞を受賞し、少女小説作家から本格的な作家デビューを果たしたばかりであった。その意気込みは受賞後第一作「花芯」がポルノと徹底的に叩かれ、以後数年、文芸雑誌から干されてしまう。それが「野方」であった。

近年の例でいうと、村上春樹「海辺のカフカ」(二〇〇二)の主人公である十五歳の少年や、猫語を話せる「ナカタ」さんが住む町として、ファンの間では注目されている。「夕方6時頃、中野区野方*丁目におよそ2000匹のアジとイワシが空から降ってきて、住民を驚かせた」と「野方」の地名が登場する。

熊本県八代の出身

耕治人は明治三十九年(一九〇六)二月一日、熊本県八代郡八代町建馬で生を受けた。父が勤務する日本セメント株式会社八代工場の社宅が出生地。姓の「耕」は、本来「たがやす」と読んだ。八代は熊本市の南、もう少し南下すると水俣である。社宅はすぐ南に八代海のある港湾都市。日本セメント八代工場は、九州で第一号のセメント工場で明治二十三年の創業。周辺に良質の石灰岩を持ち、船で港から積み出すにも適した立地で大いに栄えた。

八代工場には八代駅から専用の鉄道まで引き込まれていたという。「治人出生当時の八代町の人口は約一万一千人で、日本セメント株式会社八代工場の従業員数は三〜四百人であった」（全集年譜）。「八代」は「やつしろ」と読むが、同じ現・八代市から歌のうまい女の子が上京し、歌手デビューした。八代《やしろ》亜紀である（本名・橋本明子）。故郷の街の名を読みかえて芸名とした。

三男の治人には父・三蔵、母・ミツヲ、それに世民（長兄）と一世（次兄）、その間に挟まって姉・露子がいたが生後まもなく亡くなっている。この残された一家を肺結核の猛威が襲う。一九一三年に母・ミツヲ、一九二一年四月十七日に父・三蔵、その一週間後に次兄・一世、同じ年の十月、長兄・世民が肺結核で命を落とす。一九二八年には三つ下の妹・泰子（享年十九）も死去し、これで天涯孤独となるはずだったが、父が一九一五年に二度目の妻・クメを迎えていたため、義母と二人で耕家を守ることとなった。

義母との折り合いが悪く……というのはよく聞くケースだが、治人とクメは違った。一九一七年に十一歳の治人が建馬の社宅から離れた八代町字荒神丁に転居したのは、義母が治人の健康と教育を気遣ってのことだった。「義母は治人の身体のことを心配し、定期的にカルシウム注射を打たせる」（全集年譜）のも、残された一人の息子を無事、大切に育てようという意志が感じられる。この頃、治人は文学や哲学の本を読んでいたが、次兄の遺品にあった油絵道具で絵を描き始めている。のち上京する動機も「文学」より「絵」にあった。具体的には「中川一政」だ。中川一政の絵に惹かれ、絵描きとして身を立てることを考えた。東京への憧れには多分に尊敬する人物や著名人が住んでいるという要素が含まれている。その人がいる東京へ行きたい。これは立派な動機であった。美術学校受験のため上京することを義母に相談し、親戚からは反対されたが結論として同意を得ている。

「父や兄たちが生きていたら、私は東京行を考えなかったろう。考えても許してくれなかったろう。幸福な家族からはみ出た私は、自分の将来を、一人で決めねばならなかったのだ」と自伝的作品「葉蔭のかがやき」（全集第七巻所収）に書く。それはそうかもしれないと思う。両親が揃い、窮屈な旧家族制度の中で育てば、「絵描きになるため東京へ行く」とは言いだしにくいだろう。同じ志を抱きながら、強い親の庇護の下で上京をあきらめた若者もまた、無数にいたはずだ。

耕治人より三年早い一九〇三年に福島県石城郡上小川村（現・いわき市小川町）で生まれた詩人の草野心平も、父母姉兄は東京に住み、心平一人が故郷で祖父母に育てられるという複雑な生い立ちを持つ。一九一六年に母、兄、姉をたて続けに失い（母と兄は肺結核）、衝撃のまま中学を長欠し、画家を志して上京していく。彼もまた止める者がいなかったのである。私も早くに父を亡くし、一人で育ててくれた母の承諾を得て上京していくのだった。幸福が若者の未来の芽を摘むということがあるのかどうか。

大正時代の夢と病

耕治人は大正元年（一九一二）が六歳、大正十五・昭和元年（一九二六）が二十歳で、その青春期がすっぽり大正時代に埋まっている。大正は実質十四年半と短期間でありながら、政治、文化、風俗の諸相の変革期であり、「現代」を形作る基盤を作った。臼井吉見は『大正文学史』（筑摩書房）の「まえがき」にこう総括する。

「明治四十三年（一九一〇年）から、昭和二年（一九二七年）にいたる期間を、文学における大正期と考えたい。明治四十三年といえば、自然主義の全盛期であると同時に、これに反撥する青年作家によって、『白樺』『三田文学』『新思潮』の創刊された年でもある。かれらは、やがて大正文学の主流を形成することになるのである。昭和二年に、芥川竜之介が自殺した。それは、原因が何であれ、大正文学の終焉を象徴する出来事であった」。

このうち、耕治人がとくに影響を受けたのが「白樺」とその同人、執筆者たちだった。「白樺」は学習院で知り合った山の手の良家の子弟たちによる、回覧雑誌からスタートした同人誌だった。初期同人を年齢順に記せば、有島武郎、正親町公和、有島生馬、志賀直哉、武者小路実篤、木下利玄、児島喜久雄、里見弴、柳宗悦、郡虎彦たちで、数え年は有島が三十三、郡が二十一だった。

明治四十三〜大正十二年まで百六十冊を出した「白樺」が重要なのは、文芸にとどまらず、広く西洋美術の紹介に務めたことにある。ロダンの彫刻を筆頭に（ロダンから彫刻作品を贈られている）、ルノアール、マネ、ゴッホ、セザンヌ、ゴーガンといった印象派・後期印象派の他、ルネサンス、世紀末象徴主義、古代ギリシア・エジプトから東洋美術におよび、現在から思えば粗悪なモノクロ図版に遠く西洋を夢見る若者たちを興奮させた。「白樺」の旗印のもとに岸田劉生、バーナード・リーチ、千家元麿、中川一政、富本憲吉、尾崎喜八、犬養健などが集まり、高村光太郎が寄稿するなど新しい文芸と美術運動として機能するようになる。

耕治人は上京後、中川一政、千家元麿に直接師事することから「白樺」の弟とも言える。その直接的影響は、熊本時代に行動として表れた。中学四年の時、武者小路実篤に大いに感化され、大正十一年（一九二二）には宮崎県日向（厳密には児湯郡木城村大字石河内字城）の共同体で運営する農場「新しき村」を訪ねている。「新しき村」とは、トルストイの人道主義に影響を受けた武者小路が大正七年に同志たちと作った原始共産主義的農場だった。

「自分達は何をしようと云ふのか、新しき村をつくらうと云ふのである。其処では皆が働ける時一定の時間だけ働くかはりに、衣食住の心配からのがれ、天命を全うする為には金のいらない社会をつくらうと云ふのだ。その上に自由をたのしみ、個性を生かさうと云ふのだ」と小説「土地」に理念が示された。しかし、これは武者小路の代表作「お目出度き人」「世間知らず」のタイトルが示すごとく必敗のユートピアで、世間の冷笑と批判を浴び空転、崩壊していく。このあたりの悲惨は関川夏央『白樺たちの大正』（文藝春秋）に活写されている。なお、現在でも児湯郡木城町に「一般財団法人　日向新しき村」として、そこから分派した埼玉県毛呂山町に少人数ながら武者小路の精神と運動は継承されている。後者の毛呂山「新しき村」へは、数年前に荒川洋治さんのガイドにより、私は訪れている。じつは「新しき村」が埼玉に分派して現存することは、荒川さんに教えられるまで知らなかったのだ。二〇一七年に、私も参加する青柳いづみこさんを中心とした「新阿佐ヶ谷会」という酒宴があり、そのメンバーである元新潮社編集者・前田速夫さんの『「新しき村」の百年 〈愚者の園〉の真実』（新潮新書）が二〇一七年に出て、これも読み、にわかの「新しき村」通になってしまった。

毛呂山もけっこう不便な場所にあったが、「日向新しき村」は現在でもアクセスの難しい場所にある（ダム建設で少し移動）。最寄り駅は日豊本線の「川南」か「高鍋」になるのか。四十五年ぶりに「新しき村」を再訪したことが「中学四年生」に描かれているが、「前に訪ねたときは福岡県と大分県をまわって行ったのである。いまは肥薩線で簡単に都城に出ることができる。そこから日豊本線に乗ればいいのである。（中略）高鍋からタクシーで木城村まで行けるのである」とアクセスのルートが示されている。四十五年前に初めて訪れた際は、高鍋駅前の旅館に泊まったという。十六歳の耕はたどりつくのにも冒険であった。しかも、村を訪ねて武者小路に会ったものの、無謀を諭されて翌日には熊本へ帰ってきた。

前田速夫さんの前掲書によれば「世は社会改造の時代を迎えていた（雑誌《改造》の創刊は、一九一九年）。いわゆる大正デモクラシーの幕あけである。ただし、実篤の場合は、マルクス・レーニン主義によらず、トルストイの禁欲主義とも訣別して、自他が共生し、人類が共生する理想郷を目指す」試みだったが、理想と現実のギャップは大きく、内紛が起こり、次々と離村していった。実篤自身もまた、やがて村から出ていく。

今から考えると、「新しき村」という運動は、大正というオクタン価の高い時代における熱病のようなものだった、としか言いようがない。耕治人はその感染者であり、まちがいなく「大正」の若者だった。両親と兄を相次いで失い、途方に暮れた若者は感染しやすかったのである。

東京では、学生はみな靴をはいている

「私が東京行をくわだてた目的は、或る人を訪ねることだった。／その人というのは画家の中川一政だ。／どうしてそんな考えが起きたのか、私は中川氏の詩集『見なれざる人』を読んだらしい。美術雑誌で、氏の画を見たらしい。また氏がかいたゴッホに関する文章を読んだためらしい。／漠然とした言い方で申し訳ないが、中川氏を訪ねるという考えは、一カ月や二カ月で思いついたのではなく、徐々に熟したのだ」(「葉蔭のかがやき」)。

冒頭に触れたごとく、憧れの人が住む街は憧れの街なのである。初めて東京で夜を迎え、同じ空の下に憧れの人が住んでいると思うだけで興奮し、なかなか寝付かれぬ思いをした上京者は、東京生まれの東京育ちの人より初めて優位に立つ。勢いでそう言ってしまおう。

大正十三年（一九二四）、上野の美術学校受験のために上京していく。とりあえずは従兄にあたる慶應義塾の医学生の下宿（青山）に身を寄せる。東京駅へはこの従兄が出迎えた。この時、耕治人は下駄履きだった。従兄はそれを恥ずかしがり、明日からは下駄はやめてくれと言ったが、熊本から出てきたばかりの若者には理由がわからなかった。「どうしてですか」と問うと、従兄は「電車のなかで人の足をふんづける」と答えた。「花の都の東京についたとたん履物のことで問答したのだから、おかしなものだ」（「葉蔭のかがやき」）と、耕にはまだわかっていなかったようだが、要するに下駄履きは田舎者の象徴だったのである。天下の「いなかっぺ大将」（川崎のぼる）も下駄履きだった。

じつは上京を決めてから、「東京では、学生はみな靴をはいている」というので、熊本で靴を履く練習をしている。優しい義母はわざわざそのために靴を買ってくれた。その靴で「庭を歩いた。継母と妹は笑っていたが、私は真剣だった。三、四日するとマメが出来た。私は閉口して、やめてしまった」（「葉蔭のかがやき」）という。東京でも商人や職人などまだまだ下駄履きだったろうし、勤め人でも家に戻ると下駄に履き替える人は多かったはずだ。同じ学生でも旧制高校生など、バンカラを気取って下駄履きを日常としていた気もするが、こういうことはデータがない。ただ、「東京では、学生はみな靴をはいている」という情報と思いこみが、上京の試練の一つになったということが私には面白い。何しろ、大正期の熊本にあって東京の情報は何もなかったに等しい。

絵描きになるための美術学校受験というのが上京の第一動機だった。しかし受験には失敗した。中川一政を訪ねたのはようやくその夏のことだった。中川は当時、東京市外巣鴨村向原（現・豊島区東池袋）に住んでいた。この頃より耕の関心は絵から文学に移り、牧師になるため大正十四年四月、明治学院高等学校文芸科に入学する。同学院は現在も桜田通りの西側、白金台一丁目に校舎がある。隣接する広大な「八芳園」は大久保彦左衛門の屋敷跡であった。この年八月、中川一政は東京府下和田堀之内叡福寺隣（現・杉並区永福）に家を新築し、引っ越していった。耕治人はこの中川家に留守番兼書生として住み込むようになる。

中川一政のいる東京

私は現在の永福町にいささか土地鑑があって、というのも「永福町」駅もしくは「代田橋」駅を最寄りとする和泉町に知り合いがいて、そこで年に一度か二度、仲間で集い酒を飲むからだ。私は中央線「高円寺」駅南口から永福町行きバスに乗るか、京王井の頭線で吉祥寺から「永福町」というコースを取ることが多い。ホームは地上だが、二〇一一年に新装された駅ビル橋上改札をくぐると、すぐ佐藤忠良の「冬の像」という彫刻が立つ。その脇に解説板があり、永福町が芸術家のアトリエが集まる町で、中川一政、佐藤忠良、佐土哲二、池部鈞（息子の池部良も）などが居を構え、文化村を呈して佐藤朔、中井英夫、新婚時代の寺山修司が住んでいたと知る。中川一政は文化村の開拓者の一人だった。

中川が越した頃は、まだ井の頭線（当時「帝都電鉄」）は開通していなかったので京王「下高井戸」駅からかなりの距離を歩くしかなかった。永福寺周辺には人家も少なく、田圃が広がる風景の向こうに富士山が見えた。「井の頭の湧き水は神田上水になって永福寺の丘陵の前を過ぎって行く。／永福寺領に家を南向きに建てれば、勢い神田上水は庭の眺めになるのである。

／私は金冬心の画冊の人物のように寝ながらその川霧を見るのである」（『武蔵野日記』竹村書房）と中川は周辺の景色を描写している。

耕治人は中川家から大学のある高輪へ通い、「時間がかかるのと、留守番の役目を充分に果たせないため、夏、渋谷区神泉に下宿する」（全集年譜）。のち、また触れることになるが、耕の没後、ＮＨＫで一九八八年に『どんなご縁で〜ある老作家夫婦の愛と死〜』というドキュメントが制作され、そこに生前の耕を知る人として中川一政が登場する。中川は一九九一年二月に死去するから貴重な証言だ。そこで若き日に永福町の中川家に書生として住み込んだ耕について語る。じつは、当時中川のもとにはほかにも何人か若い書生がいたという。それは画学生としてというより、中川の相撲相手として側に置かれたらしい。ところが、耕はまったく相撲をせず、そもそも相撲というものを知らなかったのではないか、と中川は言うのだ。

そこでハッと気づいたのだが、上京した耕の文章に娯楽というものがほとんど記されていないことだ。相撲、野球の観戦、盛り場への出入り、映画や演劇、音楽会の鑑賞、競馬や競輪、麻雀などのギャンブル、それに遊郭に積極的に立ち入った形跡もないのだ。それは熊本時代も同じだ。モダン都市として形成される一九二〇年代の大正「東京」は、「船頭小唄」「枯れすすき」といった歌謡曲の源流が流行し、嵐寛寿郎、大河内伝次郎、阪東妻三郎がチャンバラスターとして人気を集め映画館に人を呼び、取り締まりがされるほどダンスに打ち興じ、亀戸や玉ノ井に私娼窟が誕生する。円タクが市内を走り回り、享楽都市を点から点へつないだ。その「享楽」を甘受したまだ若き耕治人の姿が、どこを探しても見当たらない。

「あこがれ」(一九四二年)という短編は「主婦之友社」編集者時代の話だが、草山夏造(耕治人)が新宿や洲崎の盛り場をうろつく場面がある。ともに赤線があった町だ。「四日ばかり前も友だちに誘われて、新宿のそんな遊び場所で三十分ばかり時間をつぶした。もとより女に触れず、そうしたことをよいこととも思っていないが(後略)」とあるが、なんとつまらない男だろう。ただ一度、中川夫妻のお供で千田是也の新劇を見ている。中川一政の妻・暢子は旧姓「伊藤」。兄は舞踏家のミチオ・イトウ、舞台美術の伊藤熹朔、弟は千田是也という演劇人の家庭の一員だった。ところが、耕治人の記憶は楽屋を訪ねて身支度中の千田を見たことぐらいで、演目さえ不確かだった。

耕治人の青春に出てくるのは図書館通いで、中川邸から毎日のように日比谷か上野の図書館へ通い、ただひたすら本を読んだ。昼の弁当も読書の合間に食べた。これは熊本時代からの習性らしく、「人は少ないし、静かで、私のような偏窟な人間には居心地がよかった。思いに耽るにはよい場所だった」（「てんびん」）という。孤独を求めての図書館通いだった。大学では同人誌に参加したが、同年配の学生たちと交遊することもあまりなかったようだ。耕治人は、中川一政、千家元麿、川端康成など画壇、文壇の大先輩に寄り添い、行き来もあったが、ほとんど友人というものはいなかった。それぞれの生年は、中川一八九三年、千家一八八八年、川端一八九九年。一九一二年生まれの耕とは父親とまでいかないまでも、兄ほどに歳が離れた付き合いだった。私は早くに父と兄を失った耕の甘い思慕と欠落をそこに感じる。同年もしくは歳下の人間への接し方がわからなかったのではないか。また、人付き合いをしなくなった理由の一つに「肺結核」があった。肺結核が死の病としてまん延した時代を考える時、死への恐怖と周囲の忌避を念頭におかないと、さまざまな事情が分からなくなる。

「父と二人の兄が死ぬと、私は人間が変わったように無口になった。それまでは、お喋りで快活な少年だったのだ。喋りたくても相手がいなくなったせいもあった。肺病患者のいる家庭の者と交際するとうつる、と言われたものだ。学校では、私のそばに寄ってくる者はなくなった。近所の友だちも私を避けるようになった」と「中学四年生」にある。東京でその過去を知る者はいなかったが、少年時に負った心の傷は容易には癒えないだろう。もともと知り合いの少ない東京で、慣れた孤独を背負い、とくに人付き合いする必要もなかったかもしれない。

東京放浪時代

東京での生活を支えたのは熊本の義母からの仕送りだった。父が遺した山林や田畑による遺産を切り崩して送金してくれていた。しかし、それも残り少なくなり就職を考えたが、五つの新聞社および出版社を受けていずれも落ちる。耕は昭和三年（一九二八）に大学を卒業した後、妹の死で熊本へ帰っている。義母はそのまま熊本での就職を勧めたが、一度東京の空気を吸った者に故郷は停滞しているように見えたかもしれない。昭和四年に再上京し、就職試験を受けたのだ。しかし、この年九月に小津安二郎の映画『大学は出たけれど』がヒットし、タイトルが流行語になるような未曾有の就職難であった。明治学院時代の恩師の口利きで「主婦之友社」に就職が叶う。渋谷区神山町の下宿から東中野駅に近いポンプ屋の二階に引越し、社のある御茶ノ水駅へ通勤する。

「主婦之友社」は現在、「主婦の友社」と改名し現存する出版社。大分県出身の石川武美が一九一六年に「東京家政研究会」の名で創業し、翌年に創刊した婦人雑誌が「主婦之友」（二〇〇八年休刊）であった。先行する婦人雑誌「婦人倶楽部」（講談社）とわずか数年で肩を並べ抜き去る快挙を成し、のち百万部雑誌として成長した。婦人雑誌初の「家計簿」を付録にしたことで爆発的に部数を増やす。石川武美はアイデアマンかつワンマン社長で出版界の立志伝中の人物であった（啓蒙書など著書多数）。一九二五年にはW・M・ヴォーリズ事務所設計の本社ビルが明大通りの坂の途中に建ち、長らく御茶ノ水のメルクマールの一つになっていた（現在、跡地にお茶の水スクエア）。

耕はその四年後の入社だから、主婦之友社が石川武美の陣頭指揮のもと、有卦に入っていた時期だった。そのため仕事は朝から晩までの激務で肋膜を患い、昭和七年に入院。退社を余儀なくされる。病院に編集部代表として見舞いに来たのが腰山ヨシで、彼女が生涯の伴侶となる。結婚は昭和八年。耕はこの時、中野区上野原に下宿し、新居は中野区氷川町に構えた。以後、二人三脚というより、妻におぶさっての極貧東京放浪が始まるのである。住んだ町のみ示せば、飯田橋、三田綱町、神楽町、長崎など転々と都内の西側を中心に住居を移す。そのいちいちの足取りはたどらない。戦争がはじまり、軍の工場（中島飛行場）に徴用されたり、空襲に備えて牛込区神楽坂のアパートが取り壊され、引越しを余儀なくされるなど戦争の影は落ちたが、三十代後半の病気がちの男は兵役からは免れた。その代わり、と言っては何だが、思想犯の嫌疑で逮捕され七十日も拘留を受けたりした。離婚の危機もあった。しかし、何も味方してくれない東京でおびえるように暮らす、この小動物のような夫婦は、結果として二人でしか生きられないのだと作品を読んで思うのだ。

耕は絵をようやくあきらめ、詩作を続けながら小説を書き始める。昭和二十年、敗戦の時、耕はすでに三十九歳になっていた。詩集はすでに二冊出ていたがいずれも自費出版による。最初の小説集は昭和二十三年五月、小山《おやま》書店より『結婚』を刊行。出版記念会も催され、ようやく作家活動のレールが敷かれ始めた。耕治人は四十二歳。

目まぐるしい住所遍歴は先に町名のみ並べて簡単に触れたが、戦中戦後の東京での部屋探しは簡単ではなかった。昭和九年、淀橋区柏木（現・新宿区）の木造二階屋は四軒並んで同じ作りの家が並んでいるうちの一軒で、二階の六畳間を画室に使えた。上野の美術館の公募展に出品するも二年続きで落選。生活は極度に苦しかったが部屋にはゆとりがあった。ところが、大家から立ち退きを言い渡される。四軒一緒に取り壊すので、「四カ月以内に越してくれ、そのあいだの家賃はいらない、引越料も出すという条件だった」(「粘土の上を風が吹く」)。困ったのは、三度目の公募展のための作品を三点準備中で引越しの期限を過ぎてしまった。他の三軒はすでに越していた。結局、公募展にも落ちた。引越しの日、家財道具を積んだトラックが出る時、大家の奥さんが「さんざんテコズらせやがって。とっとと消えて失せやがれ」と怒鳴った(「粘土の上を風が吹く」)。たった一軒、立ち退かぬ「絵具代にも困り、電気を停められたりする」(「全集年譜」)貧乏夫妻に対して、いかなる悪感情を抱いていたとはいえ「とっとと消えて失せやがれ」とまで言わせるのはよほどのことである。

しかし、そう言ってしまえる人は強いのだ。今度は耕が家主の立場となり、骨の髄まで苦しめられ精神に不調をもたらすほどの悲劇が待っていた。それが最終の地「野方」で起きた。それをこれから書くのだと考えると、胸が苦しくなるほどだ。

東京の土地問題

「耕治人の生涯を一口に言うとすれば、それは数限りない悲運にあいながらも、それらを決して逃げることなく、むしろ愚直なほどにまともに引き受けて歩き続けた人」（勝又浩「財布を拾った人は――」全集第七巻月報）。

この言葉をかみしめつつ、耕の悪戦苦闘の後半生をたどらなければならない。一つは「土地問題」。もう一つが「妻の痴呆」であった。どちらも重く、堪えがたい事態であったが耕はこれらを「愚直なほどまともに引き受けて歩き続け」ることになった。まずは「土地問題」である。これは「頭の中の川」「髪床屋」「うずまき」「谷底」「骸骨踊り」など一九七四年から七六年にかけて文芸誌に発表された短編に、繰り返し執拗に書かれることになる。順を追って、なるべく簡明に紹介したい。

上京、そして結婚以来、さんざん住居では苦労した耕は安住の地を求めるようになった。戦後、降ってわいたような出版の好景気で、耕にもいくらかの貯金が出来た。それで借家でもと考えたが、住宅難で長期の賃貸は難しい。それならいっそと、家を建てることを考えた。住宅公庫の融資を受け、野方に八十九坪の土地を借りた。十坪の家をそこに建てたが、そこは変形の土地だった。独立して四角い二十五坪があり、いずれそこにアパートでも建て、その家賃で老後を安定させようという心づもりがあった。幸せの予感である。

そこへ、川端康成夫人の妻・秀子の弟が土地を探していると聞いた。耕は川端にずっと深い恩義を感じていた。自費出版の第二詩集『水中の桑』(一九三八)に「耕治人君が余りにいい人なので、私はこの詩集に序を書くのである」と序文を寄せてくれたし、貧乏が極まる中、初めて書いた小説「陰の土地」を『文学界』に掲載するよう骨を折ったのも川端だった。食事をごちそうになり、励まされたこともあった。「立石先生から受けた恩は返さねばならないという気持は、いつも持っていた」(「谷底」)。「立石」が川端だ。恩返しのチャンスと、耕は自分から八十九坪のうち二十八坪の地上権を川端の義弟である塚本氏(作品上の仮名で松林喜八郎が本名)に譲った。ここまではよかった。

ところが以後、六年もの間、このことで発生した土地問題に苦しめられ、睡眠薬の常習者となり健康と精神を損なうまでに至る。トラブルは、十五坪の約束だった塚本氏の家は建ってみると十七坪であり、その挨拶がなかったことから始まる。「南向きの、日当りのよいところを塞がれたから、これから陽当りが悪くなると思ったら、体が翳り、谷底にでもいるような気がしてきた」(「谷底」)。

そこから延々と続く、塚本氏との気持ちの行き違いと降りかかる多難に耕は苦しみぬき、ついには訴訟にまで発展していく。

耕の小説を読むと、一方的に塚本氏（繰り返すが仮名）が悪者のように思えてくる。しかし、「骸骨踊り」に書かれた「ガス会社の人の前で、ジロリと私を見た塚本氏の眼つきが、なんとなく立石先生に似ているようだった」（「立石」は川端康成）とか、両家の間にある通路を「出入りのたびに門の戸をピシャッとやった。小さなことかもしれないが、そのたびに私の体はビクッとした」（「頭の中の川」）といった記述に、睡眠薬の多用による神経衰弱と妄想が入っている疑いは否めない。「うずまき」は、小さい頃、故郷で見た池の「うずまき」を死に結び付け、以来、うずまきの幻影が現れるという不気味な短編で読後にヒヤリとしたものが残る。

「なにしろ十七坪の家を朝晩眺めているのだ。私の家は十坪だから、私の家より大きい。建ってしまった以上仕方がないから、仲よく暮そうとした。私がいろいろお世話になった高崎の先生の弟だし、仲違いしていては、先生の家に行きにくくなると思い、私なりに努めたつもりだった。／ところが先生の弟の方ではその気はないらしかった」（「生きている限り」）

結局これらのいざこざは、耕の妄想によるものだと川端夫人・秀子が川端の死後に書いた

『川端康成とともに』（新潮社）で決着を見る。塚本氏を相手取った訴訟にも敗れる。土地問題の調停が成立したのは一九六八年。耕は六十二歳になっていた。そもそも、塚本氏がガス管を通す工事を始め、そこに塀を建てるつもりだったと憤るあたりの狭い「土地問題」は、たとえば故郷の熊本で起こりうるだろうか。東京はこの後、一九七二年の田中角栄「日本列島改造論」による不動産の投資・投機で土地の買い占めと転売で地価の高騰を招き、八〇年後半からのバブルで土地ころがしが再燃する。耕が住んだ中野区野方四丁目の二〇二二年における土地公示価格は一坪が百四十七万七千円強。借地だが、耕が借りた八十九坪は、現在なら幾らの賃料になるだろうか。

東京の片隅で

耕は一九四八年に出た初めての小説集『結婚』（小山書店）の巻頭に「序に代えて――わたし達の暮しは頂点にて　一旦破れる」という長い詩を書いている。朝起きてからの夫婦の日常をつづったものだ。妻は経済のために外へ働きに出て、夫はたまっている洗濯物を洗い、仕事

（小説）の構想を練る。翌日もまた同じ。翌々日もまた……。「彼女もあきらめて　落着き／静かに熱意をもつて会社に行く」。そして最終連。

日を増す度に
加速度に仕事の熱は増し
空気は稀薄となり出し
そこまで行けば崩れかかる
わたしたちの暮しの頂点の
前兆がきざす
ふたたび次の下降が
わたし達を待ち構へてゐるのである

貧困の中で疲れ果て、つねに金の心配をし、空気を稀薄と感じ下降していく。驚いたことに、野方に居を構え、二人が寄り添いながら暮らす毎日も、ほとんどそのまま変わらない。頂点の前兆は下降の前段階に過ぎぬ人生を、東京の片隅で二人は延々と繰り返すのであった。

一九六九年一月に自費出版で刊行した『一条の光』が高く評価され、翌年に読売文学賞を受賞する。初の受賞だった。授賞式に出席し、明るい光を浴びた。「一条の光」とは、なんとも言い得たタイトルであった。受賞を受け、皆美社から『一条の光』は再版された。故郷の熊本県八代市から市制三十周年記念の市民の歌を作詞するよう依頼があり、「八代市歌」を作った。「陽は昇る　八代の平野を／あまねく照らし／球磨の川面　きらきらと」と、明るく勇壮な詩が出来上がり、長く暗い闇を通り抜けた耕の気持ちを反映していた。

一九七一年二月、『詩人に死が訪れる時』（筑摩書房）
一九七三年五月、第一回平林たい子賞受賞
一九七五年十月、『うずまき』（河出書房新社）
一九七七年十二月、『母の霊』（河出書房新社）
一九七九年十月、『料理』（みき書房）
一九八〇年九月、『耕治人全詩集』（武蔵野書房）
一九八一年三月、『耕治人全詩集』で芸術選奨文部大臣賞受賞

一九八三年八月、『耕治人自選作品集』（武蔵野書房）

以上、全集年譜から拾うと、耕の六十代後半から七十代は華々しいとまではいかないが、それまでの底辺生活を考えれば、鬱蒼たる森をくぐり抜け、広い野へ出たように見える。一九七二年に、そもそもの土地問題の震源地となった川端康成が、思いがけず自殺というかたちでこの世を去る。長年の宿痾にいちおうの決着がついた耕の七十代に、作品の発表は減ったものの野方での妻ヨシとの静かな日々が訪れた。八〇年と八三年に同じ武蔵野書房の申し出で『全詩集』と『作品集』が出たのも耕に平安をもたらしただろうと思う。正直言って、ここで作家生活を閉じてもおかしくはなかった。肺結核の血族を持ち、自身も同病を患い、睡眠薬を手放せぬ生活は心身に大きなダメージを与え、当人も長生きを期待していなかったはずだ。全集年譜によれば、一九八五年の師走には、新年を迎えるにあたり野方駅前の商店街で買い物をしている。ほうれん草にコロッケ、人参と大根の酢の物とささやかな「正月」だったが、酢の物には「おせち」と印刷された紙が貼ってあった。「それだけでも正月らしい気がする」と記した。年が明けると一九八六年には八十歳になる。妻のヨシも同じ八十歳だ。

ところがその八十代に、ふたたび試練が耕を……というより二人を襲う。一九八六年七月号

「群像」に発表された「天井から降る哀しい音」によれば、「去年の春あたりから」というので八五年のことか。妻ヨシが八百屋や魚屋で買い物をしたことを忘れ、そのまま持ち帰らず帰宅したことがあった。痴呆の初期症状だ。しかしヨシはそれを認めず「八百屋の奥さんがほかのお客と話していて、あたしに渡すのを忘れたのよ」などと言った。「そのうち門扉の鍵を落としたり、財布をなくしたりするようになった」。危ないのは台所で火を使い、そのまま放置して鍋を真っ黒に焦がすことだった。「その黒さが異様な感じだ。煮たものも真黒く、跡形もない。黒さは洗っても落ちない」。仕方なく新しい鍋を買う。また焦がす。同じ鍋が四つ並んだ。この真っ黒な鍋が痴呆の象徴であり、視覚的効果としても胸に突き刺さる。

「天井から降る哀しい音」に始まり、「どんなご縁で」と「そうかもしれない」と続く晩年の三部作は、進行する妻の痴呆と向き合う老作家を描いて大きな反響を呼んだ。本多秋五はこの三作を「命終三部作」と命名し、以後流通した。この三作を収録する『天井から降る哀しい音』(一九八六)と『そうかもしれない』(一九八八)は、中川一政装幀の函入り本体布製ハードカバーで講談社から刊行されベストセラーになった。ちなみに私が所持する後者は、翌年七月二十日に第六刷まで増刷されている。老作家を照らす思いがけぬスポットライトは一九八八年一月六日の死去以後、むしろ光が大きく強くなっていく。この年の十二月、晶文社より全七巻の全集刊行が始まり、十月二十三日にはNHK特集『どんなご縁で～ある老作家夫婦の愛と死～』（五十分）が放送された。滝沢修（耕治人と同年生まれ）のナレーションと出演、冨沢満の制作で、夫妻がいなくなった後の野方の家がたっぷり映像で紹介され貴重な記録となった。近年に再放送された回を私は録画しておいた。制作の冨沢満は「井伏鱒二の世界～荻窪風土記から～」（一九八三）も手掛けたNHKのドキュメンタリストで、父は芥川賞作家の冨沢有為男である。二〇〇六年には保坂延彦監督の手で『そうかもしれない』が映画化された（原作は複数の短編を使用）。主演は故・桂春団治と雪村いづみ。

NHK特集『どんなご縁で』の再放送は、よくぞ録画しておいたと思えるもので今回、再び視聴することができたのである。「今年一月、一人の老作家

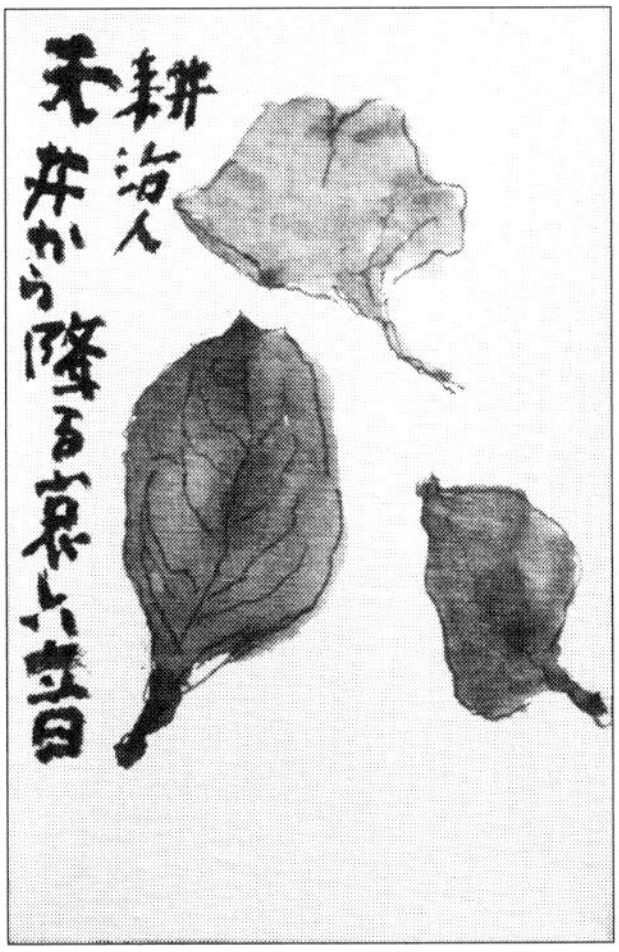

最晩年に刊行された私小説の代表作のひとつ

が亡くなった」という滝沢修の陰鬱なナレーションから始まる。主のいない部屋で数名の男性が積み上げられた生の原稿用紙を整理している。これから晶文社の全集の編集が始まるのだ。未発表の原稿もあるという。

ありがたいことに、カメラは部屋の中をくまなく映し出す。テーブルと椅子が置かれた四畳半が食事をとるスペースで、その向こうに小さな庭がある。座り机の上には丸い笠のスタンドと数冊の本（辞書か？）、円筒にぎっしり削られた鉛筆が詰め込まれている。それに丸眼鏡と原稿用紙。壁にはゴッホの自画像（言うまでもなく複製）が額に入れられ掛かっている。ほかに茶釜が置かれた床の間には「玄妙」と書かれた書が飾られ、これは武者小路実篤の手による。

家の入口も映される。画面奥に電柱と住所表示。長い板塀が途切れ、少し引っ込んだ所にドアがある。その左にベル。右に郵便受け。夫婦の面倒を見た民生委員のおばさんが登場し、ドアは開けず、必ずベルを押したのだと言う。痴呆のヨシが外へ出てしまうからだ。長く相談相手になった中川一政もインタビューに答える。この時九十六歳。相撲の相手に書生を数人置いたという話はすでに書いた。中川の耕についての印象は「嫌なこと、汚いところがなかった」。長女の桃子も同席し、赤ん坊の頃、彼女をいちばん世話したのが耕だった。おもらしの始末までした。あまりにおもらしをするので「桃ちゃん、人生いたるところに便所ありだな」と言った。そんな冗談の言える人だったのだと、この証言で少し耕の印象が変わった。

外で働くのを止めたあとヨシは、お茶、お花、俳画の教室を開いて家計を支えた。ヨシの俳画は全集の本体カバーに使われた。俳画の生徒だった女性の回想。ヨシを「先生」と呼ぶ。先生は家でご主人が仕事(小説)をしている時は、電話のベルにも気を遣った。物音を立てぬようにしていたという。主人はガスの火のつけ方さえ分からない人だとも言った。自動販

耕が妻・ヨシと暮らした時代の野方駅ホームの風景写真。現在の駅構内に飾られている

売機で切符が買えない、洗濯機が回せない。そんな耕が、ヨシの痴呆が進行する中、下の世話をし、買物に出かけ食事を作ったのである。壁に掛かったヨシの服には住所と「耕ヨシ」と書いた布が縫い付けられていた。よく家を飛び出し、そのまま帰り道がわからなくなり徘徊した。

風呂場もこの番組で見た。かなり旧式の木の板で囲まれた小判型の浴槽。壁に蛇口がついている。「どんなご縁で」に登場する、あの風呂だ。洗濯もこの風呂場で妻が手洗いしていたが、ある夜中に「あたしもう洗濯が出来ないわ」と言い出し、夫の眠りを妨げる。洗濯機を買うことにし、それまでの間、代わって夫が湯殿で洗濯をする。それまでは一度もしたことのない家事だった。

湯殿で洗濯をしていた頃には毎日のように入っていた風呂も次第に遠ざかる。「それで私が風呂に入れることにしたのだが、骨張った、骸骨のような体を、石鹸をつけた手拭で洗うとき、こんな体にしたのは私のせいだ、と思うと、腕に力が入った」。痴呆になったことで、思いがけなく妻と直に向き合うことになる。それは贖罪の行為でもあった。もらした糞尿の後始末もする。紙おむつをいやがったのである。ベッドから落ち、寝間着から尿が床に流れ出したことも……。その時も夫は「呆然と見ていたが、これも五十年、ひたすら私のため働いた結果だ。

そう思うと、小水が清い小川のように映った」のだ。詩人でもあった耕の詩魂が散文に生きた表現で美しい。ただ悲惨な介護体験をつづった日録というだけでは、ここまで評価を受けることはなかったろう。

それにしても、と思うのは、耕の小説には政治や社会、風俗流行などがまったく反映されていない。たとえば「天井から降る哀しい音」に結実される妻の発症が見られた一九八六年。ざっと振り返っても、一月にスペースシャトル爆発、四月にソ連チェルノブイリ原発の爆発事故、七月に第三次中曽根内閣が成立し、土井たか子が社会党委員長に就任し、十一月に三原山が噴火という騒々しい年だった。翌八七年には国鉄が分割・民営化、ニューヨークで株価が大暴落し、竹下内閣の発足があった。それら社会的事象は、小説の中から見事に消されている。私小説とはもともとそうしたもので、社会性を求めるのはお門違いだと私も分かっている。それを望むわけでもない。外は嵐でも家の中は無風。いや、別の嵐が吹き荒れて老いた夫妻はそれに立ち向かったのだ。

高度老齢化社会にあって同じ境遇の夫、妻は無数にいるだろう。性生活がなくなった後、夫婦の関係は別の次元を歩みだす。互いに老いを認め、支え合わなくては生きてゆけなくなる。

しかし、妻が漏らした小水を「清い小川のように映った」と書ける人はそうはいないだろう。私はやはり耕治人こそ実篤の「まごころ哲学」の正統的継承者であると思う。講談社文芸文庫の「作家案内」にいくつか耕の写真が掲載されている。その中に、「ヨシ夫人とともに」とキャプションがついた、家の前で撮られた（年月日は不明）と思しきツーショットがある。大柄の耕は丸眼鏡に白いシャツ、少しだけ後ろで傍らに寄り添うヨシ夫人は和服で微笑んでいる。私はこの写真が好きでこの原稿を書きながら何度も見返した。ヨシ夫人は発症前であろう。二人はいつも二人だったのだ。この世に二人ぼっちという寂寥とともに、この写真には幸福が写されている。あんまりうまくいかない人生だったが、ヨシ夫人という伴侶を得たことは、間違いなく耕治人の幸福であった。

ＮＨＫ特集『どんなご縁で』には、天井からぶら下がる白色の裸電球の映像もあった。「天井から降る哀しい音」と表された警報器も実物を見ることができた。同作にはどんどん壊れていく妻に振り回されながら献身する夫の姿が描かれ、同じ身に置かれた人、近い将来そうなる人たちを巻き込んで読まれたのである。夜中、物音に目覚めテーブルのある板の間に行くと食事の支度がされている。しかし食器に中身はない。時計は三時を指している。台所を見るとコンロに真っ赤になった薬缶がかかっている。火事を恐れ、火を扱うのは夫の役目で、安全のために二個の火災警報器をつけたのだ。それが「わめき出すことを考えると、身体がふるえ、いきなり家内の顔を殴った」。妻は「あたし親からも殴られたことはないわ」と泣き出した。

この警報器は敏感で、火を使ったり煙を出したりしない前に感知し鳴るのだった。「その音はリンリンという勇ましい音でもなく、ガアガア、がなり立てる音でもない。それほど高くないが、助けを求めるような、悲し気な音に聞えた」。すなわち「天井から降る哀しい音」であった。

NHK特集『どんなご縁で』では、床の間に置かれた茶釜が、小さな囲炉裏の上に乗せられていた。介護に疲れ果てた耕は、明け方に一人、よくこの茶釜で湯を沸かし、茶を点てた。広い東京の片隅で、一人、茶を飲む老人がいる。耕し治める人が、最後に野の方へ。名前と町名をそうこじつけるといかにもこの作家らしい。何でも飲み込んで無辺際にちりばめる東京らしい風景ではないか。

あとがきに代えて

「まえがき」にも書いた通り、本書は「上京者」シリーズの第三弾となる。第二弾の『ここが私の東京』の挿絵と装幀を担当してくれた画家の牧野伊三夫さんと、これが機縁でお近づきとなり、当時同じ市民だった牧野邸の酒宴に招かれるようになった。某夜の客の一人に「本の雑誌」編集者の高野夏奈さんがいた。そこで牧野さんの進言により、「本の雑誌」誌上で連載開始したのが「憧れの住む東京へ」だった。赤瀬川原平、洲之内徹と書き進めたところで、一人の分量が多すぎるため五回完結にしてほしいと編集部の要請があり、浅川マキ、田中小実昌、山之口貘とかなり苦労しながら各五回に収め、丸三年の連載が終了した。連載時には、何人かの人から「読んでいます」と声をかけられ、出版業界における同誌の購読率の高さに感心した覚えがある。

最初から連載が終われば単行本にという約束があったので、準備に取り掛かったところで高野さんが退社されてしまった。後を引き継いでくれたのが代わって入社した前田和彦さんである。編集部で初顔合わせして驚いたのは、私のよく知る「前田くん」だったからである。めぐり巡って縁が円のようにつながった思いであった。ところが、単行本化するためには連載分では半分に満たないことが判明した。一冊の分量にするためには連載分に倍する枚数を書き足し、新たに新章を書き下ろさなくてはならない。同じ二〇二三年一月に刊行となる、ちくま文庫『ここが私の東京』にも新章を書き下ろす必要があった。やるべきことは山積みとなって、私は一時期、ほとんど絶望した。カムチャッカあたりまで逃亡しようかとも考えた。

それでもやらねばならないことはやるしかない。本書では「耕治人」、『ここが私の東京』では「草野心平」を新章として、増補分に加えて書き下ろした。「上京者」シリーズ三部作もこれで完結である（まだまだ書けるぞ、の思いを残しつつ）。そういう意味では両書合わせて感慨深い仕事となった。私は二〇二二年三月に六十五歳を迎え、年金受給者の仲間入りをした。コロナも人並みに感染者となった。あわただしく人生の第四コーナーを回ったところである。

装幀は、小村雪岱研究の第一人者でデザイナーでもある真田幸治さんにお願いした。同じ「古本者」としてこちらも旧知の仲。前田和彦さん、真田幸治さんと「旧知」の仲が「窮地」を救ってくれることになった、と洒落て結んでおこう。

二〇二三年一月

岡崎武志

初出　『本の雑誌』二〇一九年八月号〜二〇二二年三月号に
大幅加筆し、書き下ろしを加えて再編集したものです。

JASRAC 2209867－201
写真（52頁）　小原泰広

岡崎武志
（おかざき　たけし）

1957年大阪生まれ。書評家・ライター。立命館大学卒業後、高校の国語教師を経て1990年春に上京。出版社勤務の後、フリーライターになる。書評を中心に各紙誌に執筆。『上京する文學』『ここが私の東京』ほか著書多数。はてなブログで「okatakeのブログ」、春陽堂書店webで「オカタケな日々」を公開中。

憧れの住む東京へ

二〇二三年一月二十六日　初版第一刷発行

著　者　岡崎武志
発行人　浜本　茂
発行所　株式会社 本の雑誌社
〒101-0051
東京都千代田区神田神保町1−37
友田三和ビル5F
電話　03（3295）1071
振替　00150-3-50378
印　刷　モリモト印刷株式会社

定価はカバーに表示してあります
ISBN978-4-86011-475-6 C0095